Einführung in TypeScript

Sprachgrundlagen und Techniken

Jörg Krause

Einführung in TypeScript

Sprachgrundlagen und Techniken

Jörg Krause

ISBN 978-1980597377

Leanpub

Dies ist ein Leanpub-Buch. Leanpub bietet Autoren und Verlagen, mit Hilfe von Lean-Publishing, neue Möglichkeiten des Publizierens. Lean Publishing bedeutet die wiederholte Veröffentlichung neuer Beta-Versionen eines eBooks unter der Zuhilfenahme schlanker Werkzeuge. Das Feedback der Erstleser hilft dem Autor bei der Finalisierung und der anschließenden Vermarktung des Buches. Lean Publishing unterstützt den Autor darin ein Buch zu schreiben, das auch gelesen wird.

Ebenfalls von Jörg Krause

Einführung in JavaScript 5

Einführung in node.js

Reguläre Ausdrücke

SharePoint Hands On Lab 121

express - Middleware für node.js

Jetzt werde ich Web-Entwickler!

PHP 5.6

Bootstrap 3

Einführung in JavaScript

Bootstrap 4

Pug - Die Template-Engine für node.js

Web-Programmierung mit Node

Dieses Buch ist für alle gedacht, die sich durch die ersten Schritte der Softwareentwicklung kämpfen oder ihr Wissen auf den aktuellen Stand bringen möchten.

Die Zukunft der Softwareentwicklung liegt im Web, in der Cloud, oder wo auch immer. In jedem Fall nicht auf einem isolierten, lokalen System. Dieses Bändchen ist Teil einer Serie von Titeln, die dabei helfen sollen, sich den Herausforderung der Web-Entwicklung zu stellen. Die Themen sind nicht zwingend brandneu, sondern eher zur Bildung einer thematischen Einheit gedacht.

Alle Bändchen sind ganz oder in Ausschnitten auch auf meinem Blog unter www.joergkrause.de zu finden und sind gedruckt, als E-Book (EPUB und Kindle) oder online als PDF und HTML verfügbar. Begleitende Kurse zum Thema sind bei www.IT-Visions.de buchbar.

Inhaltsverzeichnis

TypeScript 3

Dieses Buch beschreibt kompakt und übersichtlich die neue Sprache des Web – TypeScript. Behandelt wird TypeScript Version 3.3. Neu in dieser Auflage ist eine umfassend Darstellung von ES 2015 mit Ausblick auf die neueren Funktionen von ES 2018, denn diese werden vom TypeScript-Transpiler explizit unterstützt. Neben den Grundlagen der Sprache JavaScript werden auch spezielle Sprachmerkmale und Einsatzszenarien behandelt. TypeScript ist die Grundlage für die Nutzung von Angular, beispielsweise.

Zielgruppe

Diese Buchreihe wendet sich an Anfänger und an erfahrene Web-Entwickler, die sich intensiver mit TypeScript auseinandersetzen möchten und weg wollen vom einfachen Copy und Paste irgendwelcher Skriptschnipsel. Ein elementares Verständnis für JavaScript (ECMAScript) ist hilfreich, wobei die wichtigsten Aspekte hier auch behandelt werden. Einsteiger sind also herzlich willkommen. Zumindest die Grundlagen der Web-Entwicklung sollten Sie kennen. Andere Programmiersprachen sind keine Voraussetzung.

Vielleicht sind Sie aber auch ein Webdesigner, der TypeScript als eine hervorragende Möglichkeit entdeckt hat, seine Webseiten mit dynamischen Elementen aufzuwerten und eine "richtige" Sprache sucht, die mehr als einfaches JavaScript bietet. Im Anhang sind ein paar Ausführungen zu Web-Components, wo es um die Erstellung von Web-Applikationen ohne explizites Framework geht.

Auf alle Fälle habe ich mich bemüht, nur geringe Voraussetzungen an den Leser zu stellen. Sie müssen kein Informatiker sein, keine

Programmiersprache perfekt beherrschen, keine höhere Mathematik kennen.

Was Sie wissen sollten

Ich gehe davon aus, dass Sie wenigstens ein aktuelles Windows- oder Linux-System (oder Mac) haben und beherrschen. TypeScript ist ohne jeden Zusammenhang nicht wirklich sinnvoll. Den Kontext zu kennen, in dem es benutzt werden kann, ist ungemein hilfreich. Im konkreten Fall ist es dieselbe Umgebung, in der auch die Sprache JavaScript benutzt wird.

Wie Sie diesen Text lesen können

Beim ersten Entwurf der Struktur habe ich mehrere Varianten ausprobiert und dabei festgestellt, dass es die ideale Form nicht gibt. Wenn ich mich an den verschiedenen Anwendungsarten orientiere, zerfällt der Text in mehrere Kapitel, die nicht im Zusammenhang miteinander stehen. Dieses Buch löst das Problem, indem es auf ein sehr kleines Thema fokussiert ist und kein "bla-bla" zur Aufblähung des Umfangs dabei ist.

Anfänger sollten den Text als Erzählung lesen, von der ersten bis zur letzten Seite. Wer sich schon etwas auskennt, kann die für ihn weniger interessanten Abschnitte gefahrlos überspringen. Falls Bezüge notwendig sind, habe ich entsprechende Querverweise eingefügt.

Schreibweisen

Programmierthemen sind satztechnisch nicht einfach zu beherrschen, denn Skripte sind oft umfangreich und es wäre schön, wenn man die beste Leseform optisch unterstützen könnte. Ich habe deshalb einige zusätzliche Zeilenumbrüche benutzt, die der

Lesbarkeit dienen, im Editor Ihrer Entwicklungsumgebung aber nichts zu suchen haben.

Generell wird jeder Programmcode mit einer nicht proportionalen Schrift gesetzt. Außerdem verfügen Skripte über Zeilennummern:

```
1  class test {
2    constructor { };
3  }
```

Falls der Code mal länger wird, kann es passieren, dass das Satzsystem automatisch umbricht. Auch in diesem Fall werden Zeilennummern dazu dienen, das betroffene Symbol im Text exakt zu referenzieren (z.B. das undefined-Schlüsselwort in Zeile 3):

```
1  (function (window,
2             document,
3             undefined) {
4      /* ... */
5  })(window, document);
```

Wenn Sie Code abtippen, dann achten Sie darauf, Sonderzeichen für Zeilenumbrüche nicht zu schreiben und auf "Einzeiligkeit zu achten".

Symbole

Um die Orientierung beim Lesen zu erleichtern, gibt es einige Symbole, die im Text genutzt werden.

Tipp

Dies ist ein Tipp.

Information

Dies ist eine Information.

Warnung

Dies ist eine Warnung.

Eine Box lockert den Fließtext manchmal etwas auf. So richtig wichtig ist das hier aber nicht.

Listings

Es gibt zwei Arten von Listings. Die erste Version mit Linien und dem Text "Listing: " verweist auf eine Beispieldatei im Github-Projekt zum Buch.

Listing: intro/var.ts

```
1   var foo = 123;
2   if (true) {
3       var foo = 456;
4   }
5   console.log(foo);
```

Die anderen Listings sind nur informativ und nicht immer sind es vollständige Beispiele. Möglicherweise müssen Sie da nochwas selbst schreiben, um es zum Laufen zu bekommen.

```
1   if (true) {
2       var foo = 456;
3   }
```

Manche Listings erklären Fehler und das Beispiel führt dann auch zu einem Fehler. Das ist Absicht!

Über den Autor

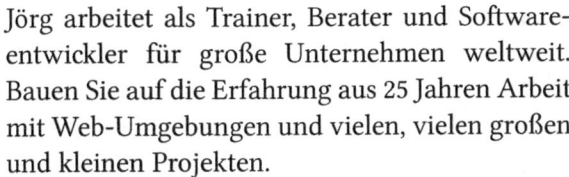 Jörg arbeitet als Trainer, Berater und Software-entwickler für große Unternehmen weltweit. Bauen Sie auf die Erfahrung aus 25 Jahren Arbeit mit Web-Umgebungen und vielen, vielen großen und kleinen Projekten.

Jörg sind vor allem solide Grundlagen wichtig. Statt immer dem neuesten Framework hinterher zu rennen wären viele Entwickler besser beraten, sich eine robuste Grundlage zu schaffen. Wer dies kompakt und schnell lernen will ist hier richtig. Auf seiner Website www.joergkrause.de sind viele weitere Informationen zu finden.

Jörg hat über 50 Titel bei renommierten Fachverlagen in Deutsch und Englisch verfasst, darunter einige Bestseller.

Kontakt zum Autor

Neben der Website können Sie auch direkten Kontakt über www.IT-Visions.de aufnehmen. Wenn Sie für Ihr Unternehmen eine professionelle Beratung zu Web-Themen oder eine Weiterbildungsveranstaltung für Softwareentwickler planen, kontaktieren Sie Jörg über seine Website[1] oder buchen Sie direkt über http://www.IT-Visions.de.

Dr. Holger Schwichtenberg

---

[1] http://www.joergkrause.de

Die Beispiele ausprobieren

Im Buch werden zahllose kleine Beispiele gezeigt. Für derart einfache Konstrukte immer eine Applikation bauen zu müssen ist mühevoll.

TypeScript online übersetzen

Einige Webseiten bieten dazu Online-Versionen an:

- JustRun.it[2]
- Typescript.io[3]

Dies sind Web-basierte Umgebungen. Sie können HTML, CSS und natürlich TypeScript eingeben. Einige wenige Referenzen sind möglich, beispielsweise jQuery, require oder AngularJS (1.x). Falls die Ausgabe nicht als alert-Box erscheinen soll, muss ein bisschen HTML und JavaScript benutzt werden. *JustRunIt* ist besonders ausgereift und wird im Folgenden noch detaillierter vorgestellt. Es befindet sich noch in aktiver Entwicklung.

---

[2]https://just-run.it/
[3]http://typescript.io/

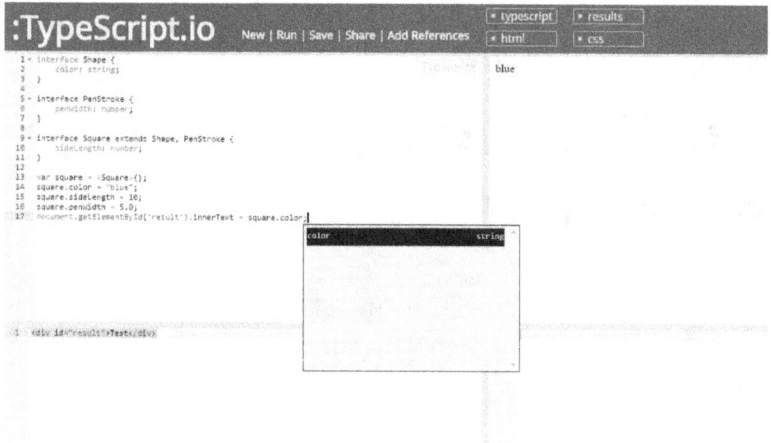

Abbildung: Einfacher Editor mit Intellisense und direkter Ausgabe

- TypeScript Playground[4]

Dies ist die Spielumgebung der TypeScript-Website selbst. Hier wird lediglich TypeScript in JavaScript übersetzt und man kann beobachten, wie der Transpiler arbeitet. Das erstellte JavaScript kann dann ausgeführt werden.

Ausgaben auf der Konsole

Jeder aktuelle Browser verfügt über eine JavaScript-Konsole. Drücken Sie F12 und wählen Sie dann **Konsole**. Ausgaben werden mit `console.log('...')` erzeugt.

Alternativ zu den nativen TypeScript-Umgebungen eignen sich auch die traditionellen JavaScript-Testsites, wie beispielsweise Plunkr. Das folgende Plunkr bringt gleich die nötigen Referenzen mit:

- http://plnkr.co/edit/j2pzXw?p=preview[5]

---

[4]http://www.typescriptlang.org/play/
[5]http://plnkr.co/edit/j2pzXw?p=preview

Dazu werden zwei JavaScript-Bibliotheken eingebunden, die den Transpiler mitbringen.

Transpiler

Das Kunstwort "Transpiler" bezeichnet einen Compiler, der von einer Programmiersprache in eine andere übersetzt. Alternativ kann natürlich auch der Begriff Compiler benutzt werden.

```
1   <!DOCTYPE html>
2   <html>
3
4     <head>
5       <link rel="stylesheet" href="style.css">
6       <script type="text/typescript" src="script.ts"></script>
7       <script type="text/typescript">
8         setTimeout(()=>console.log('hello'));
9       </script>
10
11
12      <script src="https://rawgit.com/Microsoft/TypeScript/master/lib/typesc\
13  riptServices.js"></script>
14      <script src="https://rawgit.com/basarat/typescript-script/master/trans\
15  piler.js"></script>
16    </head>
17
18    <body>
19      <h1>Hello Plunker!</h1>
20    </body>
21
22  </html>
```

Mit einer solchen Umgebung ist überhaupt keine lokale Unterstützung mehr notwendig.

TypeScript lokal übersetzen

Wollen Sie eher lokal arbeiten, gibt es ebenfalls mehrere Wege. Der einfachste ist Visual Studio ab 2015 Update 2. Es reicht auch die kostenfreie Community Edition[6], idealerweise VS 2017. Hier haben Sie eine native Unterstützung eingebaut. Dateien mit der Endung *.ts* werden erkannt und sofort übersetzt. Es entsteht eine gleichnamige Datei mit der Erweiterung *.js*.

Noch einfacher geht es mit Visual Studio Code[7]. Hier gibt es keine spezifische Version, weil das Programm regelmäßig, oft wöchentlich, automatisch aktualisiert wird.

Der einfache Weg: tsc & node

Installieren Sie NodeJs[8]. Im Paket enthalten ist das Werkzeug **npm**. Dieses verweist auf die gleichnamige Paketquelle *npm* (node package manager). Öffnen Sie nach der Installation eine neue Konsole bzw. Terminal. Installieren Sie TypeScript global (-g ist hier der entscheidende Teil):

```
npm i typescript -g
```

Starten Sie die Konsole neu. TypeScript liegt nun im Pfad. Testen Sie den Transpiler:

```
tsc -v
```

Es wird die installierte Version ausgegeben, beispielsweise "Version 3.3.1".

 Wenn eine falsche Version angezeigt wird, dann liegt eine andere Installation in einem anderen Pfad in der Auflistung der Pfadvariablen vor der aktuellen Installation. Reorganisieren Sie die Pfade oder deinstallieren Sie die andere Version dann.

---

[6]https://visualstudio.microsoft.com/de/thank-you-downloading-visual-studio/?sku=Community&rel=15

[7]https://code.visualstudio.com/

[8]https://nodejs.org/

Kopieren Sie nun die Skripte in einen neuen Ordner oder erstellen Sie neue TypeScript-Dateien. Angenommen Sie haben folgendes Skript:

Listing: intro/var.ts

```
1   var foo = 123;
2   if (true) {
3       var foo = 456;
4   }
5   console.log(foo);
```

Hier gehen Sie auf der Konsole in den Ordner *intro*. Tippen Sie dort folgendes ein:

```
1   tsc var.ts
2   node var.js
```

Zeile 1 übersetzt TypeScript nach JavaScript. Zeile 2 führt das JavaScript dann mit NodeJs aus.

 Falls komplexere Parameter erforderlich sind, habe ich in den entsprechenden Ordner des Buch-Projekts eine Steuerdatei *tsconfig.json* liegen. Diese teilt dem Transpiler mit, wie er sich zu verhalten hat. Wenn Sie die Beispiele abtippen, schauen Sie ggf. auf Github nach den benötigten Anpassungen. Aus Platzgründen sind die Steuerdateien nicht mit abgedruckt.

Für Profis: Gulp

Alternativ nutzen Sie Gulp und den Gulp-Task *gulp-typescript*. Sie können sich das Plugin hier anschauen:

- https://www.npmjs.com/package/gulp-typescript/

Wenn Sie damit noch nicht gearbeitet haben, sind einige vorbereitenden Schritte notwendig. Gulp basiert auf Node.js. Gehen Sie folgendermaßen vor:

1. Installieren Sie Node.js von *https://nodejs.org*. Der Paketmanager **npm** wird automatisch mit installiert. Über *npm* werden Sie spätere weitere Pakete beziehen.

2. Öffnen Sie eine neue Konsole (Node legt Pfade zu den ausführbaren Dateien an, die nachfolgende benutzt werden).

3. Geben Sie **npm init** ein und folgen Sie der Anleitung. Der Paketname muss kleingeschrieben werden.

4. Öffnen Sie die Datei *package.json*, die **npm init** erzeugt hat, und ändern Sie den Inhalt wie im Listing unten gezeigt.

5. Geben Sie **npm install** ein. **npm** lädt alle eingetragenen Pakete herunter.

6. Erstellen Sie eine Datei *gulpfile.js* und ändern Sie den Inhalt wie im Listing weiter unten gezeigt.

7. Erstellen Sie Ihre .*ts*-Dateien in einem Ordner mit dem Namen *src*.

8. Rufen Sie Gulp in einer neuen Konsole mit **gulp ts** auf – Gulp nutzt nun Node, um TypeScript zu übersetzen. Die übersetzten Dateien landen als *output.js* in dem neuen Pfad *wwwroot/lib*.

Starten Sie nun Ihr Projekt, wenn alle Dateien fertig sind. Dieser Schritt ist nicht von node, Gulp oder TypeScript abhängig. Sie sollten dazu über HTML-, CSS- und JavaScript-Dateien verfügen. Die JavaScript-Dateien entstehen durch den Übersetzungsvorgang aus den TypeScript-Dateien.

```
E:\DropBox\p\jisageek\BookAndVideoSupport\BOOK_TypeScript\NodeGulp>npm update
      WARN deprecated graceful-fs@3.0.8: graceful-fs v3.0.0 and before will fail o
n node releases >= v7.0. Please update to graceful-fs@^4.0.0 as soon as possible
. Use 'npm ls graceful-fs' to find it in the tree.
      WARN deprecated lodash@1.0.2: lodash@<3.0.0 is no longer maintained. Upgrade
to lodash@^4.0.0.
      WARN deprecated graceful-fs@1.2.3: graceful-fs v3.0.0 and before will fail o
n node releases >= v7.0. Please update to graceful-fs@^4.0.0 as soon as possible
. Use 'npm ls graceful-fs' to find it in the tree.
loadDep:vinyl-fs -> netwo |  |#############----------------------------------|
```

Abbildung: npm update bei der Arbeit

Listing: package.json

```
1   {
2     "version": "1.0.0",
3     "name": "testbed",
4     "private": true,
5     "devDependencies": {
6       "gulp": "^3.9.0",
7       "gulp-typescript": "^2.13.6"
8     }
9   }
```

Bei den Einstellungen im *gulpfile.js* beachten Sie die Pfadangaben in Zeile 5 (Quelle) und Zeile 8 (Zieldatei) bzw. Zeile 10 (Zielpfad).

Listing: gulpfile.js

```
1   var gulp = require('gulp');
2   var ts = require('gulp-typescript');
3
4   gulp.task('ts', function () {
5       return gulp.src('src/**/*.ts')
6           .pipe(ts({
7               noImplicitAny: true,
8               out: 'output.js'
9           }))
10          .pipe(gulp.dest('wwwroot/lib'));
11  });
```

Listing: Einfache TypeScript-Datei zum Testen

```
1   var msg : string = "Hallo TypeScript";
```

> Die Node-Umgebung können Sie gleichermaßen unter Windows, Linux oder MacOS einsetzen.

Weitere Hinweise zur Konfiguration und dem Einsatz der Konfigurationsdatei *tsconfig.json* finden Sie im Anhang.

Zugang zu den Beispielen

Viele Skripte aus diesem Buch finden Sie auf Github:

- *https://github.com/joergkrause/typescript3-book.git*

Die Skripte sind einzelne Dateien oder bei größeren Einheiten Unterverzeichnisse. Idealerweise öffnen Sie den Ordner nach dem Klonen und arbeiten sich von da aus durch.

> Unter "typescript2-book" befindet sich nach wie vor das Repository der vorhergehenden Auflage.

Online Lernen mit JustRunIt

Der Einstieg in die Web-Programmierung ist durch zahlreiche Hürden gekennzeichnet. Eine vollständige Entwicklungsumgebung kann viele Ausprägungen und Varianten haben. Persönliche Vorlieben, sich ständig ändernde Anforderungen und vielfältige Funktionen führen zu zahlreichen Lösungen. Der Markt derartiger Lösungen ist komplex, vielschichtig und einem ständigen Wandel unterworfen. Hier als Einsteiger schnell zu einem laufenden System zu kommen, ist fast unmöglich.

Um diese Herausforderung zu adressieren, wurde das Projekt *JustRunIt* entworfen. Es bietet ohne jede Anlaufzeit eine einfache und elegante Online-Umgebung, die sofort einsetzbar ist. Gemeinsam mit dem Lernprojekt *texxtoor* werden dort Inhalte bereit gestellt, passend aufbereitet und sind überdies als gedruckte Bücher oder als E-Books auf Kindle verfügbar.

Dank kompakter Vorlagen können Projekte für Angular, React und andere Frameworks in Sekunden erstellt werden. Es sind keine komplizierten Arbeiten mit *tsconfig.json*, *Gulp*, *Webpack* oder *npm* erforderlich. Die Arbeit ist dennoch standardkonform, denn im Hintergrund werden die üblichen Bausteine benutzt, keine exotischen oder proprietären Bibliotheken.

Zielgruppe

JustRunIt ist eine einzigartige Plattform zum Erlernen der Web-Programmierung mit exklusiven Funktionen, speziell für Trainer und Berater. Dieses Kapitel erklärt, wie Sie *JustRunIt* optimal mit diesem Buch nutzen.

Wenn Sie als Leser auf die Plattform gestoßen sind, können Sie alle Funktionen frei nutzen und so schnell und einfach die Beispiele ausprobieren. *JustRunIt* hat spezielle Projektvorlagen für die Anwendungsentwicklung, die darüber hinaus gehen:

- React mit JavaScript
- React mit TypeScript
- Angular 1
- Angular ab Version 2
- Knockout

Mit wenigen Klicks lässt sich jede andere Bibliothek aktivieren und nutzen, Sie können also mit jedem Framework arbeiten ebenso wie mit einfachen Bibliotheken wie *jQuery*.

 JustRunIt läuft, nach dem erstmaligen Laden, lokal im Browser des Anwenders und greift nur zum Speichern der gesamten Session auf den Server zurück. Es ist deshalb möglich, auch bei instabiler Verbindung oder zeitweiligem Verlust der Netzverbindung weiter zu arbeiten.

Arbeitsweise

Starten Sie auf *https://justrun.it/editor* mit den ersten Schritten. Die Oberfläche besteht aus mehreren verschiebbaren Bereichen:

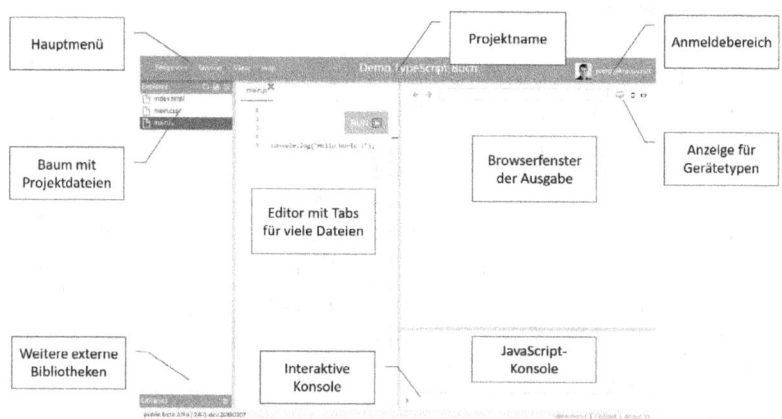

Abbildung: Bereiche der Oberfläche

Sie können komplexe Projekte in der Baumansicht organisieren, mit Ordnern und Unterordnern arbeiten, Dateien oder Ordner mit Drag & Drop verschieben und so auf alles zugreifen, wie es bei einem lokalen Projekt der Fall wäre.

Der Editor verfügt über umfangreiche Intellisense-Funktionen (Code-Vervollständigung). Dies ist kein normales Syntax "bunt machen", sondern eine intelligente Ergänzung in jeder Situation.

Sitzungen mit vielen Dateien lassen sich dauerhaft speichern und jederzeit bearbeiten. Die Sitzungen können für andere freigegeben werden, um im Team weiterzuarbeiten. Dazu reicht die Angabe der Sitzungs-ID in der URL.

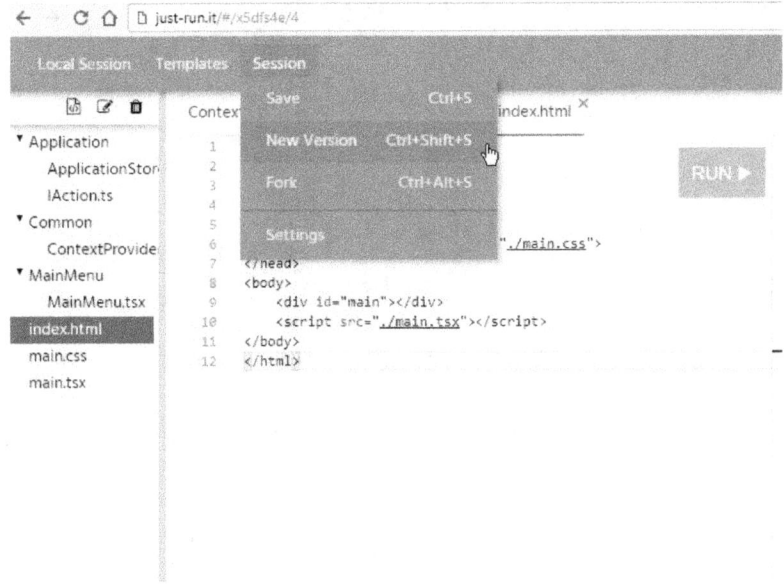

Abbildung: Sitzungen speichern

Falls Sie schon frustrierende Erlebnisse in den komplexen F12-Werkzeugen der Browser haben, hilft die integrierte Konsole. Ein wesentliches Merkmal, das vielen anderen Online-Editoren fehlt. Alle Konsolenausgaben sind direkt sichtbar, es gibt keine Notwendigkeit, noch ein Konsolenfenster zu öffnen. Nutzen Sie für Ausgaben in dieses Fenster das typische:

```
1  console.log("Hinweis");  // schwarz
2  console.warn("Warnung"); // gelb
3  console.error("Fehler"); // rot
```

Erste Schritte

Stellen Sie sich vor, Sie haben eine kleine Testaufgabe, wie die Berechnung einer Fibonacci-Folge:

```
1  function fibLoop(n) {
2    var a = 0, b = 1, f = 1;
3    for(var i = 2; i <= n; i++) {
4      f = a + b;
5      a = b;
6      b = f;
7    }
8    return f;
9  };
10
11  console.log(fibLoop(8));
```

Sie starten den Editor und sehen drei Dateien:

- *index.html*
- *main.css*
- *main.js*

Die CSS-Datei wird jetzt nicht benötigt, die können Sie ignorieren, solange nur Ausgaben auf der Konsole erfolgen. Erst wenn Ausgaben im Browser-Fenster erfolgen, können Stile benutzt werden, um die Ausgabe optisch zu verbessern.

Das oben gezeigte Skript wird, ohne jede Anpassung, in die Datei *main.js* kopiert. Diese ist in *index.html* bereits verlinkt. Klicken Sie auf die große **Run**-Schaltfläche. Es erscheint kurz der Hinweis "Compiling" und das Ergebnis erscheint dann (21).

Arbeiten mit Bibliotheken

Als nächstes nutzen Sie jQuery für eine einfache Aktion im DOM des Browsers. Dies muss als externe Bibliothek eingebunden werden. Dazu dient der Bereich *Libraries* im Datei-Explorer:

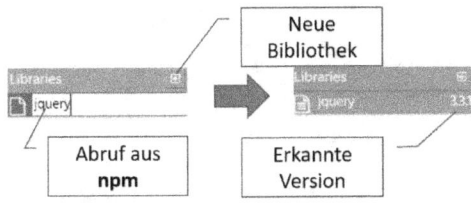

Abbildung: Externe Bibliothek einbinden

Arbeiten mit Referenzen

Der Ablauf ist einfach. Klicken Sie auf das +-Zeichen, tippen Sie dann den Namen in das Textfeld, gefolgt von ENTER. Nach ein paar Sekunden erscheint die erkannte Versionsnummer. Ohne weitere Angaben wird immer die aktuellste Version benutzt. Soll eine bestimmte Version geladen werden, schreiben Sie *name@version*, beispielsweise *jquery@2.2.4*. Schauen Sie vorher auf **npm** und auf *Github*, welche Versionen existieren und wie die Projekte aufgebaut sind.

Fügen Sie *jquery* nun der HTML-Seite hinzu:

```
 1    <!DOCTYPE html>
 2    <html lang="en">
 3    <head>
 4        <meta charset="UTF-8">
 5        <title>Document</title>
 6        <link rel="stylesheet" href="./main.css">
 7    </head>
 8    <body>
 9        <div id="main"></div>
10        <script src="jquery/dist/jquery.js"></script>
11        <script src="./main.js"></script>
12    </body>
13    </html>
```

Der Quelltext in der *main.js* könnte folgendermaßen aussehen:

```
 1    var div = $('#main');
 2    div.text("Hallo jQuery");
```

Arbeiten mit Auto-Referenzen

Statt der klassischen Referenzierung im HTML geht auch der Weg
aus ES 2015. Es sind keine Einstellungen erforderlich. Ändern Sie
in einem neuen Projekt nichts an der *main.html*. Schreiben Sie nur
folgendes in der *main.js*:

```
var $ = require('jquery');
```

Alternativ kann auch das import-Schlüsselwort benutzt werden:

```
import $ from 'jquery';
```

JustRunIt beschafft das Paket im Hintergrund und stellt es passend
bereit, ohne das dazu weitere Schritte notwendig wären.

Arbeiten mit TypeScript

Benennen Sie nun die Datei in *main.ts* um.

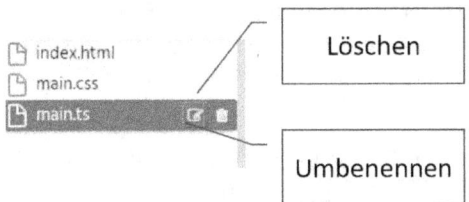

Abbildung: Dateioptionen

Ändern Sie den Quelltext etwas, um TypeScript zu nutzen.

```
 1  class MyMath {
 2
 3    public static fibLoop(n: number): number {
 4      let a = 0, b = 1, f = 1;
 5      for (let i = 2; i <= n; i++) {
 6        f = a + b;
 7        a = b;
 8        b = f;
 9      }
10      return f;
11    };
12
13  }
14
15  console.log(MyMath.fibLoop(8));
```

Klicken Sie auf die große **Run**-Schaltfläche. Es erscheint kurz der Hinweis "Compiling" und das Ergebnis erscheint dann (21).

Der eigentliche Effekt besteht darin, was alles nicht erforderlich war, um TypeScript zum Laufen zu bekommen:

- Die Referenz in *index.html* heißt nun *main.ts* – dies wurde automatisch angepasst
- Der Compiler hat den Code im Hintergrund übersetzt und bereitgestellt

- Die brauchen keinen TypeScript-Compiler zu installieren
- Sie brauchen keine *tsconfig.json* zur Einrichtung
• Der übersetzte Code wurde ausgeführt
  - Sie brauchen keine *package.json* zum Verweis auf den Startpunkt

Wenn Sie nun weitere Dateien anlegen und normal mit TypeScript arbeiten. Legen Sie für dieses Tutorial eine Datei *mymath.ts* an. Dort steht nun folgender Code:

```
 1   export class MyMath {
 2
 3     public static fibLoop(n: number): number {
 4       let a = 0, b = 1, f = 1;
 5       for (let i = 2; i <= n; i++) {
 6         f = a + b;
 7         a = b;
 8         b = f;
 9       }
10       return f;
11     };
12
13   }
```

Ändern Sie die Datei *main.ts* folgendermaßen:

```
 1   import { MyMath } from './mymath';
 2
 3   console.log(MyMath.fibLoop(8));
```

Klicken Sie auf die große **Run**-Schaltfläche. Es erscheint kurz der Hinweis "Compiling" und das Ergebnis erscheint dann (21).

   Sie   finden   dieses   Tutorial   unter
https://justrun.it/rJS9hOqKM/0[9].

---

[9]https://justrun.it/rJS9hOqKM/0

Erkennung der Sprache

JustRunIt erkennt ES 5, ES 2015, ES 2016, ES 2017 und natürlich TypeScript. Der Editor verhält sich passend zur erkannten Version. Sie können die Anzeige der Hilfsausgaben mit der JSDoc-Syntax anpassen.

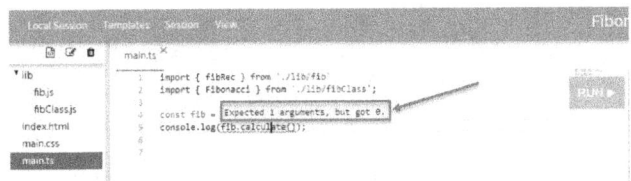

Abbildung: Intellisense in TypeScript

JSDoc benutzen

JDoc ist eine Sprache zur Dokumentation von APIs. Die Syntax basiert auf JavaDoc (für Java). Kommentare werden damit im Code so geschrieben, dass sie automatisiert extrahiert werden können. Damit wird Intellisense im Editor und das Erstellen einer Dokumentation erleichtert.

Die wichtigsten Kommentartags finden Sie in der folgenden Tabelle:

Tabelle: Auswahl häufig benötigter Tags

JSDoc-Tag	Syntax	Bemerkung
@deprecated	@deprecated Beschreibung	Gibt eine veraltete Funktion oder Methode an.
@description	@description Beschreibung	Gibt die Beschreibung für eine Funktion oder Methode an.
@param	@param {Typ} Parame- ternameBeschreibung	Gibt Informationen für einen Parameter in einer Funktion oder Methode an.

Tabelle: Auswahl häufig benötigter Tags

JSDoc-Tag	Syntax	Bemerkung
@property	@property {Typ} Eigenschaftsname	TypeScript unterstützt auch @paramTag. Gibt Informationen an, darunter eine Beschreibung, die entweder für ein Feld oder für einen Member gilt, der über ein Objekt definiert wird.
@returns	@returns {Typ}	Gibt einen Rückgabewert an. Verwenden Sie für TypeScript @returnType statt @returns.
@summary	@summary Beschreibung	Gibt die Beschreibung für eine Funktion oder Methode an (identisch mit @description).
@type	@type {Typ}	Gibt den Typ für eine Konstante oder eine Variable an.
@typedef	@typedef {Typ} typname	Gibt einen benutzerdefinierten Typnamen an

Gehen Sie für weiterführende Informationen auf die Website JS-Doc[10]. Typisch ist die Angabe von speziell formatierten Kommentarbereichen auf dem Code:

---

[10]http://usejsdoc.org/

```
1   /**
2    * Represents a book.
3    * @constructor
4    * @param {string} title - The title of the book.
5    * @param {string} author - The author of the book.
6    */
7   function Book(title, author) {
8   }
```

JustRunIt erkennt dieses Format und erstellt daraus gut lesbare Hilfetexte.

 JustRunIt ist im Beta-Test. Wenn Sie einen Zugang brauchen, schreiben Sie mich bitte an.

1. Grundlagen

Dieses Kapitel führt in die elementaren Prinzipien und Bausteine von JavaScript und TypeScript ein. Dabei werden besonders die Unterschiede zu JavaScript hervorgehoben. Die folgenden Kapitel dienen dann der Vertiefung.

1.1 Vorbemerkungen

Gültiges JavaScript ist immer auch gültiges TypeScript. Dennoch sollte Sie dies nicht dazu verleiten, auf die Vorteile von TypeScript zu verzichten und weiter reines JavaScript zu schreiben. Die Sprache und Ihr Code leben wesentlich von der konsequenten Anwendung der Sprachmerkmale, insbesondere der Typisierung. Es lässt sich folgende einfache Formel definieren (quasi der "Elevator-Pitch" zu TypeScript):

TypeScript = JavaScript + Typsystem

TypeScript ist darüber hinaus auch mit allen Sprachmerkmalen von ECMAScript[1] 2018 kompatibel, bietet also den Sprachumfang und zugleich eine passende Übersetzung nach ES 5 – dem Standard, den alle Endgeräte unterstützen. Das kann im Einzelfall Beschränkungen haben, weil sich nicht zwingend alle neuen Funktionen problemlos abbilden lassen. Der TypeScript-Transpiler weist aber auf solche Fallen hin, sodass in der Praxis kaum ein Risiko für den Entwickler besteht.

---

[1]ECMAScript steht für den von der Organisation *ECMA International* definierten Sprachstandard ECMA-262. ECMA stand früher für "European Computer Manufacturers Association", diese Schreibweise wurde aber seit 1994 nicht mehr benutzt, um der internationalen Ausrichtung gerecht zu werden.

Eine vollständige Unterstützung der Sprachmerkmale findet man in NodeJS (für Desktop und Server) sowie in Electron (basierend auf Chromium). Alle modernen Browser unterstützen einen erheblichen Teil des Sprachumfangs.

1.2 Variablen und Konstanten

Globale Variablen können an jeder Stelle angelegt werden, durch Zuweisen eines Wertes. Lokale Variablen werden innerhalb einer Funktion mit Hilfe des Schlüsselwortes var angelegt. Initiale Werte können Sie sofort angeben. Mehrere Variablen können durch Komma getrennt werden.

> Einen echten globalen Namensraum kennt JavaScript nicht. Tatsächlich sind globale Variablen Eigenschaften des globalen Objekts. Das ist in NodeJs das Objekt mit dem Namen global und im Browser window.

Scope – der Sichtbarkeitsbereich

In ES 5 haben {Blöcke} (Abschnitte im Code, die in geschweiften Klammern stehen) keinen eigenen Scope. Nur Funktionen (genauer: der Funktionskörper) haben einen Scope. Variablendefinitionen innerhalb einer Funktion sind außerhalb der Funktion nicht sichtbar – sie sind im Funktions-Scope (der auch als Gültigkeitsbereich bezeichnet wird) gefangen. Dies wird mit dem Schlüsselwort var bezeichnet. Variablendefinitionen ohne var sind global. In TypeScript kann man auch reine Blöcke, also die Bereiche, die in geschweiften Klammern stehen, als Scope nutzen. Dies wird dann mit dem Schlüsselwort let erreicht.

Das folgende Beispiel gibt "456" aus:

Listing: intro/var.ts

```
1   var foo = 123;
2   if (true) {
3       var foo = 456;
4   }
5   console.log(foo);
```

Mit der Benutzung von let wird dagegen "123" ausgegeben:

Listing: intro/let.ts

```
1   let bar = 123;
2   if (true) {
3       let bar = 456;
4   }
5   console.log(bar);
```

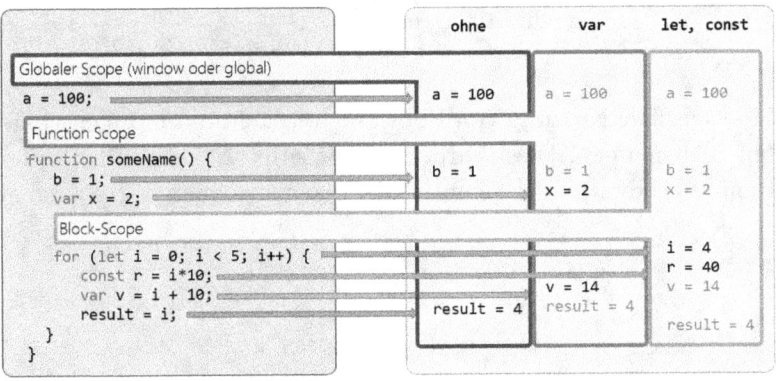

Abbildung: Erläuterung zu Scope-Arten

Es ist hilfreich zu wissen, dass die Variablen this und arguments immer vorhanden sind und Zugriff auf das aktuelle Scope-Objekt und die Argumente des Stacks zeigen. Freilich können diese auch leer sein, dann wird ein leeres Objekt zurückgeliefert. Innerhalb einer function ist dann mehr los.

Konstanten

Für Konstanten gibt es ein eigenes Schlüsselwort: `const`. Konstanten müssen initialisiert werden. Der Sichtbereich entspricht `let`.

```
1    const WIDTH = 123;
```

Konstanten dürfen auch Objekte enthalten:

```
1    const CELL = { x: 23, y: 42 };
```

 Die Nutzung von Objekten als konstante Werte ist kritisch, weil die Eigenschaften des Objekts trotz Benutzung von `const` nicht geschützt sind und weiter verändert werden können. Lediglich die Objektreferenz selbst ist geschützt.

Eine spezielle Nutzung von Konstanten besteht darin, Eigenschaften zu benennen. Dies wurde in TypeScript 2.7 eingeführt. Eine Bibliothek könnte eine Schnittstelle folgendermaßen deklarieren:

```
1    export const SERIALIZE = Symbol("serialize-method");
2
3    export interface Serializer {
4       [SERIALIZE](obj: {}): string;
5    }
```

Neben `Symbol` darf der Typ auch `number` oder `string` sein. Anwendungsbereich sind Bibliotheken und APIs, deren äußere Erscheinung von der inneren Struktur weiter gelöst werden sollen. Folgendes wäre denkbar:

Listing: intro/const.ts

```
1   const Foo = "FooIntern";
2   const Bar = "BarIntern";
3
4   let x = {
5       [Foo]: 100,
6       [Bar]: "hello",
7   };
8
9   console.log(x.BarIntern);
10  console.log(x[Bar]);
```

Konstanten können keine Mitglieder von Klassen sein. Benutzen Sie dafür normale Eigenschaften und den Modifizierer readonly. Mehr zu Symbol finden Sie im Abschnitt zu diesem speziellen Typ weiter unten.

1.3 TypeScript-Syntax

Die Namen für Variablen und Funktionen beginnen mit einem Buchstaben, _ oder $ (In "Regex-Sprache": [a-zA-Z_$]), gefolgt von keinem oder mehreren Buchstaben, Zahlen, _ (Unterstrich) oder $ (Dollar). Das $ hat keine spezielle Bedeutung[2], sollte jedoch generiertem oder Bibliotheks-Code vorbehalten bleiben. Alle Variablen, Parameter oder Mietglieder werden klein geschrieben (*mein-VariablenName*). Einzige Ausnahme: Klassen beginnen mit einem großen Buchstaben (*MeineKlasse*). Das _-Zeichen (Unterstrich) am Beginn eines Schlüsselwortes wird für Implementierungen verwendet (privat, ebenso nur per Konvention).

Das einfachste Beispiel, "Hallo TypeScript", zeigt die Nutzung:

---

[2]Es handelt sich nur um eine Konvention.

```
 1   class Hello {
 2       output: string;
 3
 4       constructor(){
 5           this.output = "Hallo TypeScript";
 6       }
 7
 8   }
 9   let h = new Hello();
10   console.log(h.output);
```

JavaScript-Code kann an den unterschiedlichsten Stellen einer Webseite verwendet werden. JavaScript, das durch Übersetzen aus TypeScript entstanden ist, liegt in aller Regel als Datei oder Sammlung von Dateien vor. Hier werden Sie immer auf <script>-Tags zurückgreifen müssen, eine "Inline"-Verarbeitung ist dagegen nicht üblich. Es gibt Transpiler, die im Browser arbeiten, aber in der Regel macht dies Code schwer und langsam.

Kommentare

Ein kommentierter Bereich sieht folgendermaßen aus:

```
 1   /*
 2   Ein mehrzeiliger Kommentarblock
 3   Kann mit den aus C/C++/C#/Java bekannten Blockkommentarzeichen
 4   erstellt werden.
 5   */
```

Der Zeilenkommentar steht alleine auf einer Zeile oder am Ende:

```
 1   // Dies tut das:
 2   var i = 42; // Zuweisung
```

Literale

Die folgende Tabelle zeigt Literale für Sonderzeichen:

Tabelle: Sonderzeichen

Zeichen	Bedeutung
\b	BackSpace
\n	NewLine
\t	Tab
\f	FormFeed
\r	CarriageReturn

Ein Beispiel dazu:

```
var s: string ='Eine mehrzeilige\r\nZeichenkette';
```

Ein spezielles Literal wurde in TypeScript 2.7 eingeführt: der Unterstrich als Trennzeichen in längeren Zahlen.

```
const million = 1_000_000;
const phone = 555_734_2231;
const bytes = 0xFF_0C_00_FF;
const word = 0b1100_0011_1101_0001;
```

Auf die Zahl hat das keine Auswirkung, es verbessert nur die Lesbarkeit. TypeScript nimmt hiermit einen Vorschlag für die Version ES 2017 voraus.

Umlaute

Eine Besonderheit ist beim Umgang mit Umlauten zu beachten. Es ist nicht sichergestellt, dass die Ausgabe mit den Sonderzeichen umgehen kann. Aus diesem Grund ist es empfehlenswert, auf die Funktion unescape zurückzugreifen. Dies sieht mit Umlauten folgendermaßen aus:

```
1  alert("über"));
```

Schreiben Sie jedoch folgendes, wenn Umlaute benutzt werden:

```
1   alert(unescape("%FCber"));
```

Damit stellen Sie sicher, dass die Umlaute immer korrekt interpretiert und angezeigt werden können. Allerdings unterstützen
viele Geräte, insbesondere alle Desktops und Smartphones, die
Kodierung nach UTF-8. Damit sind alle Umlaute sauber darstellbar. Sorgfältiges Testen ist unabhängig von dieser Aussage immer
angebracht.

 alert

Der Befehl `alert()` ist spezifisch für Browser. Wenn
Sie TypeScript für andere Projekte benutzen, beispielsweise mit NodeJS auf dem Server, nutzen Sie die
von dieser Umgebung angebotenen Ausgabebefehle
wie `console.log()`.

Numerische Literale

Ferner gibt es noch die numerischen Literale. TypeScript unterscheidet im Wesentlichen in Ganzzahlen (Integer) und Gleitkommazahlen bei den Literalen. **Intern werden, wie auch bei JavaScript, nur Gleitkommazahlen abgebildet. Es gibt keinen
Integer-Datentyp in TypeScript.** Ganzzahlen können in folgenden drei Formen vorkommen:

- Hexadezimale Konstanten: beginnen mit einem 0x vor der
  Zahl, gefolgt von den Zahlen 1...9, 0 oder den Buchstaben a..f,
  beispielsweise 0x12affe.
- Oktale Konstanten: beginnen mit einer führenden 0, gefolgt
  von den Ziffern 1..7,0 beispielsweise 0700
- Dezimale Ganzzahlenkonstanten: wenn keine der anderen
  zwei Formen zutrifft, beispielsweise 4711.

Gleitkommazahlen können in zwei Schreibweisen vorkommen:

- Einfache Schreibweise: mit Punkt (.) getrennte Ziffern, beispielsweise: 12.56
- Exponentialschreibweise: mit Punkt (.) getrennte Ziffern mit einem Exponenten, beispielsweise 12.56e2

 Mit ES 2018 soll der native Typ `BigInt` eingeführt werden, den dann auch TypeScript unterstützt. TypeScript selbst bietet hier aber momentan weder Alternativen noch Polyfills. Wenn Sie nach ES 5 übersetzen, gibt es folglich kein `BigInt`. Mehr zur Arbeitsweise in TypeScript mit diesem Typ finden Sie im Abschnitt "Die Basistypen" weiter unten.

Boolesche Literale

Ferner gibt es zur Darstellung von Wahrheitswerten noch boolesche Konstanten:

- Wahr: `true`
- Falsch : `false`

Diese werden wie in vielen anderen Sprache benutzt. Lediglich die impliziten Umwandlungen oder solche mittels Operatoren sorgen dafür, das in JavaScript-Code oft weniger Literale zu sehen sind, als man erwarten würde, wenn man vorher mit Sprachen wie Java oder C# gearbeitet hat.

Sonstige Literale

Reguläre Ausdrücke werden in / (slash) geschrieben. Das Array-Literal [] wird für Arrays und Maps benutzt. Das Objekt-Literal {} erzeugt ein neues, leeres Objekt.

```
let regex = /^[a-z]{3}$/g;
let array = [1, 2, 3];
let object = {};
```

Dies sind alles lediglich Kurzscheibweisen für die passenden Kon-
struktoraufrufe. Allerdings zeigt ein Blick in professionellen JavaScript-
Code, dass diese Literale fast ausschließlich benutzt werden. Man
muss schlicht weniger tippen.

Operatoren

Das Zeichen + dient sowohl der Addition als auch der Verknüpfung
von Zeichenketten. Wenn beide Operanden Zahlen sind, werden
diese addiert, sonst erfolgt *immer* eine Umwandlung in Zeichenketten, welche zusammengesetzt werden.

Tabelle: Mathematische Operatoren

Operator	Bedeutung	Beispiel
+, +=	Addition	x+=3
-, -=	Subtraktion	x=x-5
,=	Multiplikation	a=b*c
/, /=	Division	z=e/5
%	Modulus	m=5 % 3
++, --	Inkrement, Dekrement	x++ oder y--
<<, <<=	Bitweise Linksschieben	x << 4
>>, >>=	Bitweise Rechtsschieben	y >> 5
>>>	Bitweise Linksschieben mit Nullfüllung	a >>> b
&	Bitweise UND	a & b
|	Bitweise ODER	a | b
^	Bitweise Negieren	^b
!.	Nullprüfung	let s = e!.name
?	Optionalität	var s : string?
?:	Optionaler Parameter	function f(x?: number){}
...	Verteilungs-Operator (Spread)	var x = { ...spread };

Tabelle: Mathematische Operatoren

Operator	Bedeutung	Beispiel
...	Parameter-Operator (Rest)	function(...rest[]) {}
=>	Lambda-Operator (ergibt sich zu)	var inc = (i)=>i+1

Der Lambda-Operator ist eine Kurzschreibweise für einen anonymen Funktionsaufruf. Sehen Sie sich folgende typische Funktion an:

```
1  function Person(age) {
2      this.age = age
3      this.growOld = function() {
4          this.age++;
5      }
6  }
```

Hier wird eine Funktion *growOld* erzeugt, die man auch kürzer schreiben kann (plus Nutzung und Ausgabe):

Listing: intro/growold.ts

```
1  function Person(age: number) {
2      this.age = age
3      this.growOld = () => { this.age++; }
4  }
5  let p = new Person(51);
6  p.growOld()
7  p.growOld()
8  console.log(p.age);
```

Beim Übersetzen wird TypeScript bei Lambda-Ausdrücken immer davon ausgehen, dass der Scope der Referenz this erhalten werden soll. Bei JavaScript kann this überschrieben werden (der Aufrufer entscheidet das mit call). Der Aufrufer kann den Wert auch auf undefined setzen. Mittels Lambda-Ausdrücken wird sichergestellt, dass der Wert dem umgebenden Block entspricht. Beim Übersetzen wird hier schlicht eine Hilfsvariable eingebaut.

Wird nur eine Zeile Code im Lambda geschrieben, wird implizit return ausgeführt.

Splitten und Rest

Der Operator ... kann benutzt werden, um flache Kopien anzulegen:

```
let copy = { ...original };
```

Damit lassen sich beispielsweise Objekte zusammenfassen:

```
let merged = { ...foo, ...bar, ...baz };
```

Auch zum Überschreiben eignet sich der Vorgang:

```
let obj = { x: 1, y: "string" };
var newObj = {...obj, z: 3, y: 4}; // { x: number, y: number, z: number }
```

Wird derselbe Operator auf der linken Seite benutzt, werden die Objekte destrukturiert:

```
1  let obj = { x: 10, y: 20, z: 30 };
2  let { z, ...obj1 } = obj;
3
4  console.log(`X=${obj1.x} Y=${obj1.y} Z=${z}`);
```

Die Eigenschaft z wird hier scheinbar entfernt. Eigentlich nicht exakt, denn es handelt sich um ein Aufspalten. In *obj1* ist nun der Teil mit den Eigenschaften x und y, während in z die Eigenschaft z ist. Die Ausgabe lautet: "X=10 Y=20 Z=30".

1.4 Grundlagen des Typsystems

JavaScript verfügt nur über ein sehr schwaches Typsystem. Oft ist es wünschenswert, hier eine tiefere Kontrolle über eigene Typen zu haben. Dies geht – in bestimmten Grenzen – mit TypeScript. Dabei werden vor allem eigene, selbst definierte, Typen unterstützt.

Für die eingebauten skalaren Typen von JavaScript ist keine Erweiterung vorgesehen. So verfügt auch TypeScript nicht über einen Integer-Typ, weil auch JavaScript diesen nicht kennt. Die skalaren Typen werden aber im Sinne der Typsicherheit besser unterstützt.

Typbezeichner in TypeScript werden der Deklaration nachgestellt. Sie sind mit einem Doppelpunkt abgetrennt ("typ" ist hier als Platzhalter gedacht):

```
1   var bezeichner: typ = zuweisung;
2   function name(): typ {
3   }
```

Da gültiges JavaScript auch gültiges TypeScript ist, kann der Typbezeichner auch weggelassen werden. In diesem Fall wird der generische Typ any angenommen. Eine gute Idee ist dies im Sinne TypeScript-optimierter Programmierung freilich nur selten. Es dient lediglich dazu, bestehende Bibliotheken mit geringem Aufwand nutzbar zu machen.

Die Basistypen

Grundsätzlich entsprechen die einfachen Typen in TypeScript denen in JavaScript. Dazu gehören:

- boolean
- number
- string
- array

Typen und Typdefinitionen

Sie werden gelegentlich statt der Typangabe `string`
die Benutzung der Typdefinition `String` sehen. Dies
sind nicht-primitive Objekte. Diese sind in nahezu
allen Fällen kein geeigneter Ersatz und verhalten sich
nicht adäquat zu JavaScript. Die einzige Ausnahme
sind explizite Typkonvertierungen, wo die Objekte
benutzt werden.

BigInt

Neu in TypeScript 3.2 wurde der Typ `bigint`, der einen Vorschlag
für ECMAScript vorausnimmt, wo der Typ *Bigint()* eingeführt
werden soll.

```
let foo: bigint = BigInt(100); // BigInt function
let bar: bigint = 100n;        // BigInt literal
```

Das zugehörige Literal ist "n". Der Typ `bigint` darf nicht mit
`number` gemischt werden. Sie Typen sind inkompatibel, weil der
Wertebereich von `bigint` größer ist. Die Abfrage vor einem Cast
kann mit `typeof` erfolgen:

```
function whatKindOfNumberIsIt(x: number | bigint) {
  if (typeof x === "bigint") {
    console.log("'x' is a bigint!");
  }
  else {
    console.log("'x' is a floating-point number");
  }
}
```

 Da der Typ `bigint` letztlich auf einer nativen
JavaScript-Unterstützung basiert, muss als Zielformat
'esnext' in der *tsconfig.json* eingestellt werden.

Eine Sonderstellung bei den numerischen Typen ist die Enumeration (Aufzähltyp, ein Art Werteliste), die auf number basiert, aber wie class deklariert werden muss:

- enum

Mehr dazu weiter unten im entsprechenden Abschnitt zu Enumerationen.

Boolean

Der Typ boolean ist elementar für viele Sprachen und wird wie üblich über die Literale false und true bedient.

```
1    var isDone: boolean = false;
```

Die Funktion Boolean(value) ermittelt, ob der Wert true oder false ist. Werte, die als false interpretiert werden, sind:

- false
- null
- undefined
- "" (leere Zeichenkette)
- 0
- NaN

Alle anderen Werte sind true, einschließlich "0" und "false" (in Anführungszeichen), was manchmal zu Verwirrung führt. Rückgabewerte aus Formularfeldern in HTML sind immer Zeichenketten.

Number

Wie in JavaScript sind Zahlen immer Gleitkommazahlen (float). Der Name des Typs ist number:

```
1    var height: number = 6;
2    var amount: number = 23.45;
```

Eine Besonderheit ist der Wert NaN – Not a Number. Dieser zeigt
an, dass bei einer Operation keine Zahl ermittelt werden konnte.
NaN ist ungleich zu allem, auch zu sich selbst. if (NaN === NaN) ist
beispielsweise immer false.

Bei der Zahlendarstellung ist zu beachten, dass der Wertebereich
binärer Zahlen beschränkt ist. So gilt:

- 0.2 + 0.1 !== 0.3

Die Zahl 0.2 ist nicht exakt darstellbar, 0.1 und 0.3 dagegen schon.
Es gibt also eine Differenz – einen minimalen Abstand zwischen
zwei Zahlen – genannt ϵ. Zahlen, die sicher durch weniger als
ϵ unterscheiden, sind nicht genau darstellbar. Der Zahlenraum
insgesamt ist wie folgt definiert:

$$2^{-1022} \approx 2 \cdot 10^{-308} \text{ bis } (1 - 2^{-53}) \times 2^{1024} \approx 2 \cdot 10^{308}$$

Eine exakte Berechnung könnte so aussehen:

```
1    function epsEqu(x, y) {
2      return Math.abs(x - y) < Number.EPSILON;
3    }
4    console.log(epsEqu(0.1+0.2, 0.3));
```

Number.EPSILON zeigt hier an, wie weit zwei Zahlen auseinander-
liegen könnten. Die folgende Abbildung erläutert, warum das so
ist:

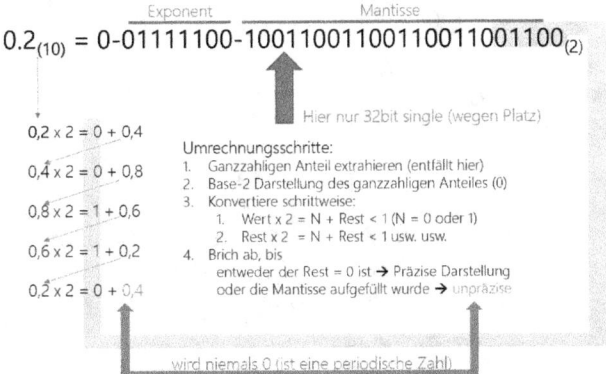

Abbildung: Konvertierung von Dezimal in Binär

Noch ein Tipp zur Genauigkeit ergibt sich daraus:

- 0.000000234 = 2.34 × 10−7 (Signifikante Stellen: 234)
- 1.000000234 = 1.000000234 × 100 (Signifikante Stellen: 1000000234)

Die 1 vor dem Komma "stiehlt" uns 1000000 = 7 Stellen Genauigkeit hier. Manchmal kann man mit einer simplen Rechenoperation viel genauere Ergebnisse erzielen.

Ebenso kritisch ist der Wertebereich. Wenn Sie dies schreiben:

```
console.log(9007199254740993)
```

Erhalten Sie "9007199254740992" (!sic; man achte auf die letzte Ziffer). Sehr wohl liegt diese Zahl im oben definierten Wertebereich, es ist kein Überlauf. Die Abbildung erläutert dies:

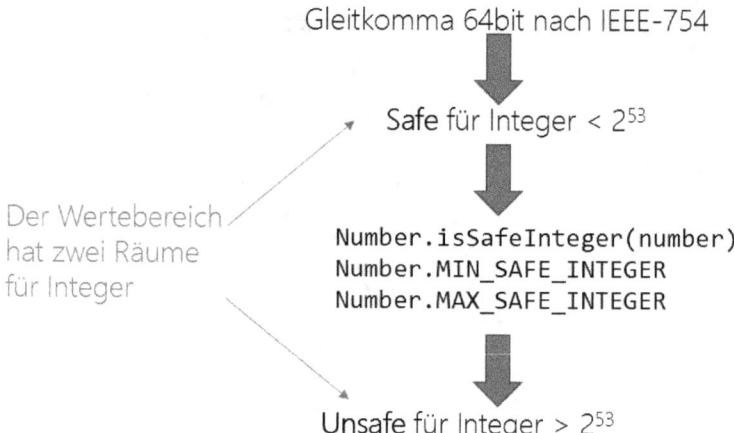

Gleitkomma 64bit nach IEEE-754

Safe für Integer < 2^{53}

Der Wertebereich
hat zwei Räume
für Integer

Number.isSafeInteger(number)
Number.MIN_SAFE_INTEGER
Number.MAX_SAFE_INTEGER

Unsafe für Integer > 2^{53}

Abbildung: Sichere und unsichere Zahlenbereiche

Im nicht sicheren Zahlenbereich ist das ϵ so groß, dass es mehr als eine natürliche Zahl umfasst (> 1). Hier fehlen dann schlicht an einigen Stellen ganze Zahlen.

Berechnungen mit Math

Das Math-Objekt enthält Konstanten und Funktionen zur Berechnung mit dem Typ number. Es können auch komplexe Berechnungen wissenschaftlicher oder kaufmännischer Art durchgeführt werden. Die Sprachspezifikation[3] kann als Referenz zusätzlich empfohlen werden.

Eine Instanz von Math braucht nicht eigens erzeugt werden. Eigenschaften und Methoden von Math können direkt verwendet werden (statische Methoden und Eigenschaften). Das Schema sieht folgendermaßen aus:

---

[3]http://ecma-international.org/ecma-262/5.1/#sec-15.8

```
1  let x : number = Math.Eigenschaft;
2  x = Math.Methode(Parameter);
```

Mit `Zahl = 10 * Math.PI` beispielsweise steht in der Variablen Zahl nach der Zuweisung das Produkt aus der Zahl π und 10. Mit `Wurzel = Math.sqrt(10)` steht in der Variablen Wurzel hinterher das Ergebnis der Quadratwurzel aus 10. Vor jedem Aufruf einer Eigenschaft oder Methode des Math-Objekts wird `Math` benutzt (großgeschrieben).

Bei jedem Zahlen-Parameter, den Sie einer Methode von `Math` übergeben, kann es sich um eine explizite Zahl (z.B. 25 oder 0.123) handeln, um eine numerische Variable (z.B. x) oder um einen Rechenausdruck (z.B. 7 * 5 + 0.3). Auch Rechenausdrücke mit Variablen sind erlaubt (z.B. x * i + 1).

Alle trigonometrischen Funktionen (sin, cos, tan, asin, acos, atan, atan2) werden mit dem Bogenmaß durchgeführt oder geben das Ergebnis in Bogenmaß zurück. Um vom Bogenmaß in das Winkelmaß umzurechnen, dividieren Sie dieses einfach durch `Math.PI / 180`. Eine Multiplikation mit diesem Wert sorgt für die Umrechnung von Grad- in Bogenmaß.

Konstanten

Die Konstanten erleichtern den Umgang mit Berechnungen. Es gibt eine Liste konstanter (unveränderlicher), aber möglicherweise von der Implementierung oder der Plattform abhängiger Werte. Sie sind über `Number` erreichbar:

- `EPSILON`: Kleinstes Delta zwischen zwei Zahlen (siehe auch Number)
- `MAX_SAFE_INTEGER`: Größte sichere Ganzzahl

- `MAX_VALUE`: Größte Zahl
- `MIN_SAFE_INTEGER`: : Kleinste sichere Ganzzahl
- `MIN_VALUE`: : Kleinste Zahl
- `NEGATIVE_INFINITY`: Negativ Unendlich
- `NaN`: Keine Zahl, nicht darstellbar
- `POSITIVE_INFINITY`: Positiv Unendlich

Daneben gibt es mathematische Konstanten aus dem Namensraum `Math`, die natürlich absolut unveränderlich sind:

- `E`: Eulersche Konstante
- `LN2`: natürlicher Logarithmus von 2 (zur Basis e)
- `LN10`: natürlicher Logarithmus von 10 (zur Basis e)
- `LOG2E`: Logarithmus von e zur Basis 2
- `LOG10E`: Logarithmus von e zur Basis 10
- `PI`: Konstante PI
- `SQRT1_2`: Konstante für Quadratwurzel aus 0,5
- `SQRT2`: Konstante für Quadratwurzel aus 2

Funktionen

Für den Umgang mit Zahlen allgemein bietet `Number` passende Funktionen:

- `Number.isFinite()`
- `Number.isInteger()`
- `Number.isNaN()`
- `Number.isSafeInteger()`
- `Number.parseFloat()`
- `Number.parseInt()`
- `Number.prototype.toExponential()`
- `Number.prototype.toFixed()`
- `Number.prototype.toLocaleString()`
- `Number.prototype.toPrecision()`

- `Number.prototype.toSource()`
- `Number.prototype.toString()`
- `Number.prototype.valueOf()`

Die mathematischen Funktionen aus dem Objekt `Math`, die Sie einsetzen können, sind folgende:

- `abs()`: positiver Wert
- `acos()`: Arcuscosinus
- `asin()`: Arcussinus
- `atan()`: Arcustangens
- `ceil()`: nächsthöhere ganze Zahl
- `cos()`: Kosinus
- `exp()`: Exponentialwert
- `floor()`: nächstniedrigere ganze Zahl
- `log()`: Anwendung des natürlichen Logarithmus
- `max()`: größere von zwei Zahlen
- `min()`: kleinere von zwei Zahlen
- `pow()`: Zahl hoch Exponent
- `random()`: 0 bis 1 per Zufall
- `round()`: kaufmännische Rundung einer Zahl
- `sin()`: Sinus
- `sqrt()`: Quadratwurzel
- `tan()`: Tangens

Zeichenketten (String)

Text ist der elementarste Datentyp, genannt `String` (Zeichenkette). TypeScript verhält sich hier exakt wie JavaScript. Zeichenketten sind unveränderlich (immutable). Es werden beide Arten von Anführungszeichen akzeptiert, aus stilistische Gründen aber einfache bevorzugt (wie in Zeile 2):

```
1   var name: string = "bob";
2   name = 'smith';
```

 ## Unveränderlichkeit

Die Unveränderlichkeit von Zeichenketten ist ein Merkmal vieler Programmiersprachen. Dies dient der Optimierung der Speicherverwaltung in Bezug auf Leistung, erhöht aber bei sorglosem Umgang mit großen Zeichenketten den Speicherverbrauch. Bei einer Zuweisung der Art a = a + b kann *a* nicht geändert werden, sodass nun im Speicher der alte Wert von *a*, der von *b* und der neue Wert von *a* liegen. Ist *a* sehr groß, erhöht dies den Speicherbedarf erheblich.

Ein String ist eine Sequenz von 0 oder mehr 16Bit-Zeichen. In ECMAScript wurde ursprünglich UCS-2 benutzt, wobei einige Implementierungen intern UTF-16 benutzen. Die Ausgabe erfolgt also nach UCS-2, intern wird UTF-16 eingesetzt. Der Unterschied macht sich bemerkbar, wenn die Anzahl der Bytes ermittelt wird, aus denen ein Zeichen besteht.

 ## UCS-2

UCS[4] steht für "Universal Coded Character Set" und ist eine Zeichenkodierung, die in der internationalen Norm ISO/IEC 10646 definiert ist. Diese deckt sich vollständig mit den korrespondierenden Unicode-Kodierungen[5] UTF-16[6] und UTF-32. Die ISO-Gruppe arbeitet sehr eng mit der Unicode-Gruppe zusammen, um die Standards zu synchronisieren. Vereinfacht steht UCS für "Welches Zeichen?" und UTF für "Wir wird es codiert?".

---

[4]https://de.wikipedia.org/wiki/Universal_Coded_Character_Set
[5]https://de.wikipedia.org/wiki/Unicode
[6]https://de.wikipedia.org/wiki/UTF-16

Es gibt keinen speziellen Typ für ein Zeichen (kein char-Typ). Ein Zeichen wird durch einen String der Länge 1 repräsentiert. Zeichenketten sind unveränderlich (immutable), wie in den meisten anderen Sprachen auch. Zeichenketten gleichen Inhalts sind gleich (==), auch wenn es sich um verschiedene Objekte handelt. Dies entspricht der intuitiven Lesbarkeit.

Zeichenkettenliterale können ", ' oder das Backtick verwenden. Die Benutzung ist gleichwertig. Dadurch sind Verschachtlungen möglich wie "Hallo 'Welt' " oder 'Hallo "Welt"'. Das Backtick erlaubt String-Interpolation und Mehrzeiligkeit:

```
1   `Dies kann ${variable}, aber auch
2   Ausdrücke wie ${array.length}
3   enthalten
4   und
5   über
6   mehrere
7   Zeilen
8   gehen`
```

 In TypeScript-Code wird ' bevorzugt, das harmoniert besser mit " in HTML.

Eine spezielle Nutzung des Backtick ist die Auflösung der Interpolation mit raw. Dazu wird die Zeichenkette einer Funktion ohne die Funktionsklammern übergeben, also direkt hinter dem Funktionsnamen:

```
func`string`
```

```
var time = 'Jahr';
var value = 2019;

function tag(strings, ...values) {
  console.log(strings[0]);
  console.log(strings[1]);
  console.log(values[0]);
  console.log(values[1]);
  return 'Okay';
}

tag`Das ${time} ist ${value}`;
```

Dann werden die
Teile des Template-Strings
als Parameter übergeben
und werden so aufgelöst

Hier dürfen keine (!) Klammern benutzt werden

string[0]   string[1]

Das ${time} ist ${value}

value[0]   value[1]

Abbildung: Zerlegung von Interpolationen

Die Zeichenkettenmethoden

Zeichenketten in TypeScript sind 0-basiert, das heißt das erste Zeichen hat den Index 0. Dies gilt für alle Zeichenkettenmethoden, die mit Indizes arbeiten. Zeichenketten sind darüber hinaus unveränderlich (immutable). Methoden, die Änderungen vornehmen, geben immer eine neue Instanz einer Zeichenkette zurück. Mehrfach Manipulationen sind dadurch zwar sehr schnell, führen aber auch dazu, dass dieselben Zeichen möglicherweise mehrfach im Speicher liegen. Bei großen Zeichenketten sollten Sie sehr sorgfältig mit den Datenmengen umgehen.

indexOf()

Mit dieser Methode wird die Position einer Zeichenkette in einer anderen Zeichenkette gefunden. Wird nichts gefunden, wird -1 zurückgegeben.

```
1  var str : string = "Bitte legen Sie 'Produkte' weg!";
2  var pos : number = str.indexOf("Produkte");
```

lastIndexOf()

Wenn mehrere Vorkommen einer Zeichenkette in einer anderen existieren, wird die die letzte Fundstelle zurückgegeben. Wird nichts gefunden, wird -1 zurückgegeben.

```
1   var str : string = "Bitte legen Sie 'Produkte' weg!";
2   var pos = str.lastIndexOf("Produkte");
```

search()

Mit dieser Methode wird die Position einer Zeichenkette in einer anderen Zeichenkette gefunden. Wird nichts gefunden, wird -1 zurückgegeben. Im Gegensatz zu indexOf akzeptiert search auch reguläre Ausdrücke als Argument.

```
1   var str : string = "Bitte legen Sie 'Produkte' weg!";
2   var pos = str.search(/Produkte/);
```

Drei Methoden dienen dazu, Teile von Zeichenketten zu bilden:

slice(start, end)

Extrahiert einen Teil einer Zeichenkette von Position *start* bis Position *end*. Wenn das Argument negativ ist, wird die Position vom Ende gezählt.

substring(start, end)

Extrahiert einen Teil einer Zeichenkette von Position *start* bis Position *end*. Negative Argumente sind nicht erlaubt. Wird das Ende *end* weggelassen, wird bis zum Ende der Zeichenkette extrahiert.

substr(start, length)

Extrahiert einen Teil einer Zeichenkette von Position *start* und dann eine Anzahl Zeichen *length*.

```
1    var str: string = "Apfel, Banane, Kiwi";
2    var res: string = str.slice(7,13);
```

```
1    var str: string = "Apfel, Banane, Kiwi";
2    var res: string = str.slice(-12,-6);
```

Die Ausgabe ist in beiden Fällen 'Banane'.

```
1    var str: string = "Apfel, Banane, Kiwi";
2    var res: string = str.substring(7,13);
```

```
1    var str: string = "Apfel, Banane, Kiwi";
2    var res: string = str.substr(7,6);
```

Die Ausgabe ist auch in diesen beiden Fällen 'Banane'.

replace(search, replace)
> Diese Methode ersetzt Teile einer Zeichenkette durch eine andere. Alternativ kann diese Methode reguläre Ausdrücke zum Suchen nutzen.

```
1    var str: string = "Bitte benutze Node!";
2    var n: string = str.replace("Node", "Angular");
```

toUpperCase
> Wandelt alle Zeichen in Großbuchstaben um.

toLowerCase
> Wandelt alle Zeichen in Kleinbuchstaben um.

Listing: intro/casing.ts

```
1  var text1: string = "Hallo JavaScript!";
2  var text2: string = text1.toUpperCase();
3  console.log(text2);
4  var text2: string = text1.toLowerCase();
5  console.log(text2);
```

concat()

> Diese Methode kann mehrere Argumente annehmen und kombiniert diese zu einer Zeichenkette.

```
1  var text1: string = "Hallo";
2  var text2: string = "TypeScript";
3  text3 = text1.concat("      ",text2);
```

Manipulationen einzelner Zeichen vermeiden den Umgang mit großen Zeichenketten in manchen Fällen.

charAt(position), charCodeAt(position)

> Die Methoden geben das Zeichen an der gewählten Position zurück. charCodeAt gibt dabei den Unicode des Zeichens an.

```
1  var str: string = "HELLO WORLD";
2  str.charAt(0);        // Ergibt: H
3  str.charCodeAt(0);    // Ergibt: 72
```

Da JavaScript keinen expliziten Zeichentyp kennt, ist die Interpretation einer Zeichenkette als Array unzulässig. Sollten Arrayfunktionen sinnvoll erscheinen, konvertieren Sie die Zeichenkette zuerst explizit in ein Array-Objekt. Am einfachsten geht das mit der Methode split.

```
1   var txt: string = "a,b,c,d,e";
2   var a: Array = txt.split(",");        // Komma
3   var b: Array = txt.split(" ");        // Leerzeichen
4   var c: Array = txt.split("|");        // Pipe
```

Beachten Sie die Funktion des Trennzeichens. Wenn kein Trennzeichen angegeben wird, steht die gesamte Zeichenkette im Index 0 des Arrays. Um eine Zeichenkette zeichenweise zu zerlegen und dabei keine expliziten Trennstellen zu definieren, nutzen Sie eine leere Zeichenkette "".

```
1   var txt: string = "Hello";      // Zeichenkette
2   txt.split("");                  // Teilen in Zeichen
```

Array

TypeScript benutzt für Arrays dieselbe Syntax wie JavaScript. Allerdings kann zusätzlich noch festgelegt werden, dass das gesamte Array nur bestimmte Typen enthalten darf (typsicheres Array):

```
var list: number[] = [1, 2, 3];
```

Alternativ kann eine generische Schreibweise wie in C# benutzt werden:

```
var list: Array<number> = [1, 2, 3];
```

Bei dieser Form wird explizit der Typ Array eingesetzt. Der Typparameter steht in spitzen Klammern. Generics werden in den folgenden Kapiteln noch genauer behandelt.

Einige Methoden für Arrays

Es gibt Methoden, die ein existierendes Array verändern:

`push(e)`
> Fügt ein Element am Ende ein und gibt die neue Länge zurück.

`pop()`
> Entfernt das Element am Ende und gibt es zurück.

`reverse()`
> Dreht die Reihenfolge der Elemente im Array um.

`shift()`
> Entfernt das Element am Anfang und gibt es zurück.

`sort()`
> Sortiert das Array und gibt das neue Array zurück.

`splice(start, entfernen, neu...)`
> Entfernt Elemente und fügt neue ein. Die zu entfernenden werden ab *start* gezählt und die Anzahl mit *entfernen* angegeben. Alle weiteren Parameter werden als neue Elemente ab *start* eingefügt.

`unshift(neu...)`
> Fügt Elemente am Anfang ein und gibt die neue Länge zurück.

Spezialfunktionen statt Klassen

Auch in TypeScript gibt es kaum spezialisierte Typen, beispielsweise zum Bauen von Queues oder Stacks. Dafür dienen einige der Funktionen, die ein vergleichbares Verhalten erzeugen.

Es gibt weiterhin solche, die etwas zurückgeben, jedoch am Array selbst keine Änderungen vornehmen:

`join(sep)`
> Verbindet alle Elemente eines Arrays zu einer Zeichenkette. Als Trennzeichen – welches optional ist – wird das oder werden die Zeichen *sep* benutzt.

`slice(start, ende)`
> Extrahiert den Teil eines Arrays von *start* bis *ende*.

`concat`

Verbindet Arrays zu einem neuen Array.

`indexOf(s)`

Index der ersten Fundstelle der Zeichen *s* oder -1, falls nichts gefunden wurde.

`lastIndexOf`

Index der letzten Fundstelle der Zeichen *s* oder -1, falls nichts gefunden wurde.

Methoden, die auf Iteratoren aufsetzen, eignen sich zum Durchlaufen von Arrays:

`forEach(callback, this)`

Ruft eine Funktion *callback* für jedes Element des Arrays auf. Der Parameter *this* kann benutzt werden, um der Funktion den Wert für `this` vorzugeben.

`every(callback, this)`

Gibt `true` zurück, wenn jedes Element eines Arrays einer in der Rückruffunktion benannten Bedingung gehorcht.

`some(callback, this)`

Gibt `true` zurück, wenn mindestens ein Element eines Arrays einer in der Rückruffunktion benannten Bedingung gehorcht.

`filter(callback, this)`

Gibt ´die Elemente zurück, die der in der Rückruffunktion benannten Bedingung gehorchen.

`map(callback, this)`

Gibt die Elemente zurück, die die Rückruffunktion für jedes Element zurückgibt.

`reduce(callback, init)`

Reduziert ein Array, indem alle Werte gelesen werden. Der vorherige Wert wird mittels Rückruffunktion weitergereicht, sodass man addieren, subtrahieren oder sonst etwas mit den Werten anstellen kann. Am Ende wird ein Wert zurückgegeben. Die Funktion beginnt links, am Index 0.

reduceRight(callback, init)

Reduziert ein Array, indem alle Werte gelesen werden. Der vorherige Wert wird mittels Rückruffunktion weitergereicht, sodass man addieren, subtrahieren oder sonst etwas mit den Werten anstellen kann. Am Ende wird ein Wert zurückgegeben. Die Funktion beginnt rechts, am letzten Index.

Enumerationen (Enum)

Enumerationen gibt es in JavaScript nicht. Hier bietet TypeScript einen echten Mehrwert. Dies sind Auflistungen von numerischen Werten (1, 2, 3, ...), die im Quelltext durch Zeichenfolgen repräsentiert werden.

```
enum Color {
    Red,
    Green,
    Blue
};
var c: Color = Color.Green;
```

Ohne weitere Angaben beginnt die Zählung mit 0. Der Startwert kann aber explizit gesetzt werden.

```
enum Color {
    Red = 1,
    Green,
    Blue
};
var c: Color = Color.Green;
```

Vor allem dann, wenn die Werte in einer Datenbank gespeichert werden, ist das explizite Setzen unbedingt notwendig. Nur so kann verhindert werden, dass bei Änderungen am Quellcode dieselben Werte weiter benutzt werden.

Listing: intro/enum.ts

```
1  enum Color {
2      Red = 1,
3      Green = 2,
4      Blue = 4
5  };
6  var c: Color = Color.Green;
```

Bei der Übersetzung des letzten Beispiels nach JavaScript ist zu erkennen, dass der Code nicht mehr ganz trivial ist:

```
1  var Color;
2  (function (Color) {
3      Color[Color["Red"] = 1] = "Red";
4      Color[Color["Green"] = 2] = "Green";
5      Color[Color["Blue"] = 4] = "Blue";
6  })(Color || (Color = {}));
7  var c = Color.Green;
```

Der Zugriff mit dem numerischen Wert ist auch möglich. Das kann sinnvoll sein, wenn ein JSON-Objekt angeliefert wird, das lediglich den Zahlenwert enthält. Der folgende Code gibt in der Alert-Box "Green" aus:

```
1  enum Color {
2      Red = 1,
3      Green,
4      Blue
5  };
6  var colorName: string = Color[2];
7
8  alert(colorName);
```

 Für alert müssen Sie den Code im Browser ausführen, NodeJs kennt diese Form nicht. Nutzen Sie alternativ console.log() für Testausgaben.

Enumerationen mit Flags

Manchmal ist es sinnvoll, mehrere Aufzählungswerte kombiniert einzusetzen. Man spricht dann von Flags. Stellen Sie sich ein Command-Pattern vor, in welchem Zustände von Kommandos behandelt werden. Dies sind beispielsweise:

- Selected (Ausgewählt)
- Enabled (Auswählbar)

Nun kann ein Kommando vier Zustände haben. Statt vier werden nur zwei Aufzählwerte benötigt, die kombiniert eingesetzt werden. Damit das funktioniert, müssen sie Werte aber numerisch widerspruchsfrei sein. Man kann das am besten mit Bitwerten erreichen (0000, 0001, 0010, 0011). Für das Beispiel wäre dann *Selected* gleich "01" und *Enabled* "10".

```
enum State {
    Selected = 1,
    Enabled = 1 << 1,
    Checked = 1 << 2
};
```

Der Shift-Operator schiebt die Eins um ein Stelle nach links. Das ist bequemer zu schreiben als den kompletten Binärwert. Alternativ können Sie natürlich auch die 2er-Potenzreihe nutzen (1, 2, 4, 8, 16 etc.).

Bei der Nutzung müssen die Bitstellen wieder extrahiert werden. Dazu werden Bit-Operatoren benutzt:

```
 1    let state : State = State.Selected;
 2
 3    if (state & State.Checked) {
 4        // Der Wert "Checked" wurde exklusiv gesetzt
 5    }
 6    if (state & State.Checked) === State.Checked){
 7        // Der Wert "Checked" wurde gesetzt
 8    }
 9    // Setze "Checked" und lasse alle anderen unberührt
10    state |= State.Checked;
11    // Setze "Checked" zurück und lasse alle anderen unberührt
12    state &= ~State.Checked;
```

Und hier folgt eine Übersicht über alle Kombinationsoperatoren:

- |= : Füge einen Wert hinzu
- &= und ~ : Entferne einen Wert
- | : Kombiniere Flags
- & und Testwert: Prüfe einen Wert

Mit diesen Techniken lassen sich einzelne Werte verändern, ohne die anderen zu beeinflussen. Beim direkten Zuweisen der Werte ohne Bit-Operator würden die anderen Bitstellen sonst überschrieben werden. Sollen zwei oder mehr Werte zugleich gesetzt werden, so können diese mit dem &-Operator kombiniert werden.

```
 1    state = State.Checked & State.Enabled;
```

Wollen Sie die komplette Reihe mit 0 beginnend nutzen, ist folgende systematische Schreibweise empfehlenswert:

```
1   enum StateFlags {
2       None          = 0,
3       Enabled       = 1 << 0,
4       Selected      = 1 << 1,
5       Checked       = 1 << 2,
6       Valued        = 1 << 3
7   }
```

Enumerationen erweitern

Durch die Art der Definition in JavaScript ist es möglich, Enumerationen zu erweitern. Dies erfolgt einfach durch erneute Definition desselben Namens. Die bis dahin im Skript bereits definierten Elemente bleiben erhalten. Wenn die beiden Fragmente in einer Datei sind, ist dies einfach:

```
1   export enum Color {
2       Red,
3       Green,
4       Blue
5   }
6
7   export enum Color {
8       DarkRed = 3,
9       DarkGreen,
10      DarkBlue
11  }
12
13  let cb = Color.DarkBlue;
14  let cg = Color.Green;
```

Beim Aufspalten auf zwei Dateien ist es mehr Aufwand, weil Sie dem Module-System etwas auf die Sprünge helfen müssen:

```
1   export enum Color {
2       Red,
3       Green,
4       Blue
5   }
```

```
1   import { Color } from "./enumbase";
2
3   declare module "./enumbase" {
4     enum Color {
5       DarkRed = 3,
6       DarkGreen,
7       DarkBlue
8     }
9   }
10
11  let cb = Color.DarkBlue;
12  let cg = Color.Green;
```

Freilich ist es auch hier sinnvoll, die Startwerte zu bestimmen – oder noch besser gleich alle numerischen Werte.

 Das Aufteilen von Enumerationen ist meist eher nicht so empfehlenswert, weil es die Lesbarkeit des Codes erschwert.

Konstante Enumerationen

Ein Spezialfall sind Enumerationen mit dem Schlüsselwort const:

Listing: intro/enumconst.ts

```
1   const enum Tristate {
2       False   = 1,
3       True    = 2,
4       Unknown = 0
5   }
6
7   let f = Tristate.False;
```

Die Variable *f* wird im JavaScript nun folgendermaßen aussehen (das ist der **gesamte** erzeugte Code):

```
var f = 1;
```

Die Deklaration der Enumeration entfällt und der Wert wird an der Stelle, wo er benutzt wird, durch eine Konstante ersetzt. Der Vorteil ist offensichtlich ein Performance-Gewinn. Der Nachteil ist der Verlust der Lesbarkeit des Codes im generierten JavaScript, was vor allem beim Debuggen auffällt.

Statische Enumerationsfunktionen

In Sprachen wie C# gibt es statische Hilfsfunktionen, die dort eine Basisklasse Enum bereitstellt. Dieses Verhalten kann in TypeScript mit dem Schlüsselwort namespace simuliert werden. Mehr zu Namensräumen finden Sie im Abschnitt *Module*.

Listing: intro/enumstat.ts

```
1    enum Weekday {
2      Monday,
3      Tuesday,
4      Wednesday,
5      Thursday,
6      Friday,
7      Saturday,
8      Sunday
9    }
10
11   namespace Weekday {
12     export function isWeekend(day: Weekday) {
13       switch (day) {
14         case Weekday.Saturday:
15         case Weekday.Sunday:
16           return true;
17         default:
18           return false;
19       }
20     }
21   }
22
23   const mon = Weekday.Monday;
24   const sun = Weekday.Sunday;
25   console.log(Weekday.isWeekend(mon));
26   console.log(Weekday.isWeekend(sun));
```

Durch den Eingriff in den Typ *Weekend* wird eine Funktion angefügt. In JavaScript ist der enum-Typ dann der umgebende Funktionsname und in einer Funktion kann natürlich eine weitere Funktion
existieren. Da Enumerationen nicht instanziiert werden, ist die
innere Funktion statisch.

Spezielle Enumerationen

Seit TypeScript 2.4 können zur Nutzung der Werte auch Zeichenketten benutzt werden.

```
1   enum Colors {
2     Red = 'RED',
3     Green = 'GREEN',
4     Blue = 'BLUE',
5   }
```

Der Rücktransport ist allerdings hier nicht möglich, weil Zeichenketten nicht als Indexwert dienen können.

Any

any ist ein universeller Typ, bei dem TypeScript keine weitere
Typprüfung vornimmt. An den benutzten Stellen verhält sich TypeScript dann wieder wie JavaScript. Das ist sinnvoll, wenn Daten
mit einem unbekannten oder wechselnden Typ angeliefert werden.
Davon machen viele JavaScript-Bibliotheken Gebrauch.

```
1   var notSure: any = 4;
2   notSure = 'Eine Zeichenkette';
3   notSure = false;
```

any ist immer dann sinnvoll, wenn Teile der Applikation noch in
JavaScript geschrieben wurden und ein Datenaustausch notwendig
ist *und* die Daten in sich variabel sind. Im Grunde wird damit
das Verhalten von JavaScript erreicht und die Typprüfung beim
Übersetzen deaktiviert.

```
1   var list:any[] = [1, true, 'free'];
2   list[1] = 100;
```

Object

Der Typ object ist eigentlich reines JavaScript. Er wurde explizit
in TypeScript mit der Version 2.2 eingeführt. Das verbessert die
Kompatibilität bei der Nutzung von Objekt-Funktionen, die auf

dem JavaScript-Basistyp Object basieren (beachten Sie jeweils die Schreibweise mit kleinem "o" oder großem "O").

Mit object lassen sich Typen erstellen, die explizit *keine* Skalare sind:

```
1   declare function create(o: object | null): void;
2
3   create({ prop: 0 }); // OK
4   create(null); // OK
5
6   create(42); // Fehler
```

Der Aufruf in Zeile 6 ist nicht möglich, weil der Typ object oder null sein darf, nicht aber ein Skalar (würde dies gewünscht sein, müsste man any nutzen).

Void

Der Typ void bezeichnet "keinen Typ" (nichts) und ist eine elegantere Repräsentation von undefined in JavaScript. Es handelt sich hier um einen Funktionstyp, eine Nutzung mit Variablen ist nicht möglich, weil eine Variable die nichts enthalten darf sinnlos ist.

```
1   function warnUser(): void {
2       alert("Dies ist eine Warnung");
3   }
```

Bei Funktionen wird damit sichergestellt, dass die Funktion nicht "versehentlich" etwas zurückgeben kann.

```
1   function warnUser(): void {
2       return "Dies ist eine Warnung";
3   }
```

Abbildung: Fehler im Editor, weil return mit void nicht erlaubt ist

Verwechseln Sie dies nicht mit der Pseudomethode void 0, die in JavaScript-Code evaluiert wird und dann undefined zurückgibt, was manchmal sinnvoll ist, damit der Aufrufer vom Ausführen nichts mitbekommt. Die Null ist übrigens nur ein Platzhalter für irgendwas.

```
void 0
void (0)
void "hello"          undefined
void (new Date())
```

Das ist die kürzest mögliche Schreibweise

Abbildung: Bildungsregeln für void

Never

Sehr speziell ist der Typ never. Damit wird ausgedrückt, dass eine Funktion nicht zurückkehrt:

```
1  function error(message: string): never {
2      throw new Error(message);
3  }
```

Der Rückgabewert wird implizit benutzt, wenn der Rückgabewert nicht dem Standardpfad der Codeausführung entspricht:

```
1   function move1(direction: 'up' | 'down') {
2       switch (direction) {
3           case 'up':
4               return 1;
5           case 'down':
6               return -1;
7       }
8       return error('Should never get here');
9   }
```

Beim Aufruf mit "left" als Parameter wird hier never zurückgegeben.

Der Typ never wurde mit TypeScript 2.0 eingeführt. Er verbessert
die Lesbarkeit im Sinne von "was hat sich der Autor des Codes
denn dabei gedacht?". void alleine wäre oft erklärungsbedürftig –
ein Verstoß gegen das Clean Code-Prinzip[7].

Unknown

Mit TypeScript 3.0 wurde ein weiterer spezieller Typ eingeführt:
unknown. Im Grund handelt es sich um eine ähnliche Aussage wie
any, die damit getroffen wird. Während any aber mehr im Sinne
von "egal" zu verstehen ist, kann mit unknown ausgedrückt werden,
dass sich der Entwickler über den Typ nicht im Klaren ist. Aus rein
technischer Sicht kann unknown jeder Typ zugewiesen werden, das
Verhalten gleicht any. Der Code wird lediglich besser lesbar, selbst-
erklärender. Wird umgekehrt eine Variable, die den Typ unknown
hat woanders zugewiesen, so gelingt dies nur zu unknown selbst und
wiederum zu any.

 Das Wort "unknown" ist nunmehr ein Schlüsselwort
und damit reserviert.

---

[7]https://clean-code-developer.de/

null und undefined

Auch mit der Verfügbarkeit von void kommen Sie nicht umhin, sich mit den impliziten Typen für undefinierte Zustände in JavaScript auseinanderzusetzen. Andernfalls wäre es mit der Abwärtskompatibilität von TypeScript vorbei. Dazu gibt es auch in TypeScript die beiden besonderen Typen null und undefined.

Seit TypeScript 2.0 werden diese Typen explizit behandelt – vorher war es eher in der Art "egal". Die Prüfung kann im Transpiler über den Schalter --strictNullChecks aktiviert werden. Damit ist die Zuweisung zu einem beliebigen Typen nicht mehr möglich, ausgenommen natürlich any.

```
 1  let x: number;
 2  let y: number | undefined;
 3  let z: number | null | undefined;
 4  x = 1;   // Ok
 5  y = 1;   // Ok
 6  z = 1;   // Ok
 7  x = undefined;   // Fehler
 8  y = undefined;   // Ok
 9  z = undefined;   // Ok
10  x = null;   // Fehler
11  y = null;   // Fehler
12  z = null;   // Ok
13  x = y;   // Fehler
14  x = z;   // Fehler
15  y = x;   // Ok
16  y = z;   // Fehler
17  z = x;   // Ok
18  z = y;   // Ok
```

Sie müssen damit jeder Variablen einen Typ zuweisen, oder alternativ explizit undefined. Optionale Parameter, die nicht belegt sind, werden implizit undefined annehmen.

undefined

undefined ist eine spezielle Eigenschaft des globalen
Objekts global bzw. window. Diese könnte überschrieben werden. Es gibt Schutzmaßnahmen, aber diese
sind in lokalen Scopes nicht zuverlässig. Der folgende Code ist erlaubt, syntaktisch korrekt, sinnlos und
falsch:

```javascript
function doSomething(data) {
  var undefined = "hi";
  if (data === undefined) {
    console.log('unbekannt');
  } else {
    console.log('hi');
  }
}
doSomething('hi'); // Gibt "unbekannt" aus
```

Symbole

Symbole sind private primitive Datentypen. Sie werden mit Hilfe
eines Symbol-Konstruktors erzeugt. Symbole sind immer eindeutig und immer unveränderlich. Sie dienen der Benennung und
stellen damit eine Art Metadaten dar. Der Text des Symbols ist
eine Beschreibung und erläutert den Typ, der mit dem Symbol
benannt wird. Symbole sind immer eindeutig – was bei Namen aus
Zeichenketten nicht zwingend der Fall ist.

```javascript
let sym1 = Symbol();
let sym2 = Symbol("key");
```

Der Schlüsseltext (Zeile 2) ist optional. In der folgenden Definition
sind *sym1* und *sym2* nicht gleich:

```
1   let sym1 = Symbol("key");
2   let sym2 = Symbol("key");
```

Symbole dienen als **Eigenschaftenbezeichner** (so wie seit TypeScript 2.7 auch Konstanten):

```
1   let sym = Symbol();
2
3   let obj = {
4       [sym]: "value"
5   };
6
7   console.log(obj[sym]);
```

 Die Nutzung als Name für Eigenschaften ist der ursächliche Zweck der Symbole. Alle anderen Szenarien sind mehr oder weniger missbräuchlich.

Sie sind auch dort einsetzbar, wo literale Bezeichner erwartet werden:

Listing: intro/symbol/symbol.ts

```
1   const TheClassName = Symbol();
2
3   class C {
4       [TheClassName](){
5           return "C";
6       }
7   }
8
9   let c = new C();
10  let className = c[TheClassName](); // "C"
```

Symbole sind nativ in ECMAScript 2015 (ES 6) verfügbar. TypeScript fügt hier keine eigene Funktionalität hinzu. Im Beispiel wird eine spezielle *tsconfig.json* benutzt. Das Skript zeigt einen Fehler an, der produzierte Code funktioniert aber.

Dies wird eine künftige TypeScript-Version beheben.

Eindeutige Symbole

Symbole sind generell einmalig, aber als Variable veränderlich. Eine einfache Symbol-Deklaration wäre folgendermaßen möglich:

```
let b: symbol = Symbol();
```

Als Typ kann die Eindeutigkeit mit `unique symbol` erzwungen werden:

```
const b: unique symbol = Symbol();
```

Das hat zur Folge, dass nun statt `let` der Modifizierer `const` benutzt werden *muss*.

In der nach JavaScript übersetzten Version ergeben beide Beispiele dasselbe Ergebnis.

Interne Symbole

Einige interne Symbole dienen der vereinfachten Benutzung interner Funktionen.

- `Symbol.hasInstance`
  Eine Methode die feststellt, ob ein Konstruktor ein Objekt als eines vo ihm selbst erzeugtes erkennt. Wird von `instanceof` benutzt.
- `Symbol.isConcatSpreadable`
  Ein Boolescher Wert der anzeigt, dass ein Objekt in ein Array verflacht werden soll.

- `Symbol.iterator`
  Der Standard-Iterator, der von `for` `of` benutzt wird.
- `Symbol.match`
  Ein regulärer Ausdruck, der die Standardprüfung durch `match` stützt.
- `Symbol.replace`
  Ein regulärer Ausdruck, der die Standardprüfung durch `replace` stützt.
- `Symbol.search`
  Ein regulärer Ausdruck, der die Standardprüfung durch `search` stützt.
- `Symbol.species`
  Die Funktion, die die Konstruktoraktion ausführt.
- `Symbol.split`
  Ein regulärer Ausdruck, der die Standardprüfung durch `split` stützt.
- `Symbol.toPrimitive`
  Einem Methode, die ein Objekt in eine primitive Darstellung konvertiert.
- `Symbol.toStringTag`
  Die Umwandlung in eine Zeichenkettendarstellung.
- `Symbol.unscopables`
  Ein Objekt, dessen Eigenschaften die sind, die von einem assoziierten Objekt nicht benutzt werden. Wird benutzt, um Eigenschaften zu exkludieren, die in späteren JavaScript-Versionen hinzukommen, jedoch in bestehenden Code mit privaten Namen belegt sind.

Mehr dazu finden Sie bei MDN – Mozilla Developer Network[8].

Typ-Deklarationen

Eigene Typ-Namen sind mit `type` und `declare` erstellbar.

---

[8]https://developer.mozilla.org/en-US/docs/Web/JavaScript/Reference/Global_Objects/Symbol

type

Mittels type lassen sich eigene Typ-Aliase erstellen. Das dient im weitesten Sinne der Lesbarkeit und Bequemlichkeit.

```
type isbn = string;
```

Ebenso wie Skalare lassen sich auch Funktionstypen beschreiben:

```
type T1 = (x?: number) => string;
type T2 = (x?: number | undefined) => string;
```

In dem vorstehenden Beispiel sind *T1* und *T2* gleich, denn der optionale Parameter *x?* kann undefined sein. Die Angabe bei *T2* ist nicht erforderlich.

declare

TypeScript-Code referenziert oft JavaScript-Code. Da fehlen dann die Typen. Wenn es keine Typ-Definition gibt, aber anderer Code transpilierbar werden soll und aus Sicht von JavaScript lauffähig ist, dann genügt die Angabe mit declare.

```
declare var myLibary;
```

Was sich nun dahinter verbirgt, ist erstmal uninteressant (im Zweifel wird das als any behandelt). Auf der ersten Ebene wird nun aber ein Übersetzungsfehler vermieden. Der Entwickler muss nun dafür sorgen, dass die von der Variablen *myLibrary* erwartete Funktionalität nun auch zur Laufzeit bereitgestellt wird.

Der Typ kann weiter beschrieben werden, was meist nur bei Skalaren sinnvoll ist:

```
declare var foo: number;
```

Funktionen sind auch deklarierbar:

```
declare function show(name: string): void;
//
show('Hallo TypeScript');
```

Dieser Code ist übersetzbar, weil der Aufruf von *show* durch die Deklaration gedeckt ist. Es wird unterstellt, dass zur Laufzeit eine Implementierung von *show* vorliegt, wo auch immer diese herkommt.

Wenn auf Funktionen zugegriffen wird, dann prüft der Transpiler, ob der Wert nicht eventuell null oder undefined ist. Wenn aber eine explizite Typprüfung im Code erfolgt, lässt er den Zugriff zu:

```
1  declare function f(x: number): string;
2  let x: number | null | undefined;
3  if (x) {
4      f(x);  // Passt
5  } else {
6      f(x);  // Fehler
7  }
```

Der erste Teil des if-Ausdrucks ist zulässig, weil durch die Prüfung klar ist, das *x* nur vom Typ number sein kann. JavaScript evaluiert null und undefined zu false.

Falls der zu deklarierende Code die Punkt-Notation nutzt, kann declare zusammen mit namespace benutzt werden:

```
1  declare namespace myLib {
2      function myFunction(s: string): string;
3      let someProperty: number;
4  }
```

Der Ausdruck *myLib.myFunction('')* ist dann valide.

In den meisten Fällen sind Schnittstellen die besserer Form
der Beschreibung von Typen. Diese werden dann als Typ-
Deklaration *file.d.ts* verpackt. Siehe dazu auch im Abschnitt
Interface nach.

Die Kombination von `type` und `declare` passt gut zu JavaScript. Oft
sind JavaScript-Funktionen sehr flexibel aufrufbar, also mit völlig
verschiedenen Parametern. Ein herausragendes Beispiel ist jQuery,
wo die Eintrittsfunktion *$* mit Zeichenketten oder Funktionen
benutzt werden kann:

```
$('selector');
$(function(){
  // Code
})
```

Da JavaScript keine Überladungen zulässt, ist es nicht ganz trivial,
so etwas korrekt zu beschreiben. Folgendes Beispiel ist gültiges
JavaScript:

```
function getName() {
    return 'Joerg';
}
class MyNames extends Names { }

show('Joerg');        // Zeichenkette
show(getName);        // Funktion
show(new MyNames());  // Instanz
```

Die Funktion *show* – hier selbst nicht gezeigt (weil in einer externen
JavaScript-Bibliothek definiert und für das Beispiel nicht relevant) –
verträgt drei Parametertypen. Die Deklaration für TypeScript sieht
nun folgendermaßen aus:

```
1   type NameVariations = string | (() => string) | MyNames;
2
3   declare function show(g: NameVariations): void;
```

Nun kann *show* benutzt werden, der Transpiler ist glücklich und der Code nutzt ein typisches Stück JavaScript-Code.

Typen organisieren

Erneut dient als Ausgangspunkt typischer JavaScript-Code, dessen Implementierung andernorts beschafft wird:

```
1   const g = new Names('Joerg');
2   g.log({ verbose: true });
3   g.alert({ modal: false, title: 'Meine Botschaft' });
```

Die Objekte deuten auf Punkt-Notation hin. Folgende Deklaration passt dazu:

```
1    declare namespace NamesLib {
2      interface LogOpts {
3        verbose?: boolean;
4      }
5      interface AlertOpts {
6        modal: boolean;
7        title?: string;
8        color?: string;
9      }
10   }
```

Neben Namensräumen können auch Klassen deklariert werden:

```
1  declare class Names {
2    constructor(name: string);
3
4    name: string;
5    showName(): void;
6  }
```

Klassen brauchen Sie, wenn Instanzen mit new erzeugt werden
sollen. Ansonsten sind interface-Deklarationen immer die bessere
Wahl. Aus reiner Typ-Sicht ist es egal, was benutzt wird.

Typ-Operatoren

Zu den Typ-Operatoren gehört das Ermitteln von Typen. Es gibt
folgendes:

- typeof: Basistyp
- instanceof: Allgemeiner Typvergleich
- keyof: Existenz

typeof

typeof ermittelt den Basistyp gemäß folgender Tabelle:

Typ	Rückgabewert
unbekannt	"undefined"
null	"object"
Boolesch	"boolean"
Zahl	"number"
Zeichenkette	"string"
Symbol	"symbol"
Funktion	"function"
Alle anderen	"object"

Einige Beispiele:

```
1    typeof 37 === 'number';
2    typeof 3.14 === 'number';
3    typeof "" === 'string';
4    typeof "bla" === 'string';
5    typeof true === 'boolean';
6    typeof false === 'boolean';
7    typeof Symbol() === 'symbol'
8    typeof Symbol('foo') === 'symbol'
9    typeof undefined === 'undefined';
10   typeof {a:1} === 'object';
```

typeof ermittelt bei komplexen Typen die Typbeschreibung und kann beispielsweise mit keyof weiter verarbeitet werden.

instanceof

Der Operator instanceof prüft die Anwesenheit des Konstruktors in der Prototypenkette eines Objekts.

```
1    function C(){}
2    function D(){}
3
4    var o = new C();
5
6    o instanceof C;
7    o instanceof D;
```

Der Ausdruck in Zeile 6 ist wahr (ergibt true), während Zeile 7 falsch (false) ist. Der Operator wird also üblicherweise immer mit if benutzt.

keyof

In JavaScript kommt es häufig vor, dass die Namen von Eigenschaften Träger einer Information sind und nicht nur der Wert diese Aufgabe übernimmt. Das beruht auf der Tatsache, dass Eigenschaften Elemente einer Map sind, die Zeichenketten enthalten (eben wie Werte). Code wie diesen sieht man häufig in JavaScript:

```
var conf = {
  "/src/app/components": {
    "copy": true
  }
}
```

Das Objekt *conf* enthält nun einen Eigenschaft *"/src/app/compon-
ents"*, die wiederum ein Objekt enthält. Die Zeichenfolge */src/ap-
p/components* ist der Name der Eigenschaft, aber zugleich auch ein
konkreter Wert (nämlich hier ein Pfad). Es ist also typisch, die Existenz einer solchen Eigenschaft zu ermitteln, um eine Entscheidung
zu treffen. Dies erledigt in TypeScript keyof.

Listing: intro/keyof.ts

```
1  let conf = {
2    "/src/app/components": {
3      "copy": true
4    }
5  }
6  type keys = keyof typeof conf;
7  let someobj: keys = '/src/app/components';
8  console.log(someobj);
```

keyof kann nur Typen verarbeiten, keine Objekte. Deshalb sind einige sinnvollere Beispiele im Abschnitt zu Schnittstellen zu finden.
Hier wird der Typ aus dem Objekt mittels typeof extrahiert (Zeile
6). Der Name der Eigenschaft ist dann der Schlüsselwert.

Typ-Mappings

Oft wird ein Typ erstellt, dessen Mitglieder erforderlich sind:

```
1    interface Person {
2        name: string;
3        age: number;
4        location: string;
5    }
```

Eine spezielle Version davon soll aber alles optionale Mitglieder haben:

```
1    interface PartialPerson {
2        name?: string;
3        age?: number;
4        location?: string;
5    }
```

Mit Typpartnern kann dies vereinfacht dargestellt werden:

```
1    type Partial<T> = {
2        [P in keyof T]?: T[P];
3    };
4
5    type PartialPerson = Partial<Person>;
```

keyof wird hier benutzt, um ein Mapping zwischen dem alten und dem neuen (optionalen) Typ zu erzeugen. Beachten Sie dazu auch das Fragezeichen in Zeile 2.

Es lassen sich auch andere Arten von Transformationen erzeugen:

```
1    type Readonly<T> = {
2        readonly [P in keyof T]: T[P];
3    };
```

```
1    type Deferred<T> = {
2        [P in keyof T]: Promise<T[P]>;
3    };
```

```
1   type Proxify<T> = {
2      [P in keyof T]: {
3        get(): T[P];
4        set(v: T[P]);
5      }
6   };
```

Die Klassen, die hier benutzt werden, liefert der Transpiler als
Bibliotek mit.

Ideen für Typ-Aliase

Mit dem Schlüsselwort type lassen sich semantische Alias-Namen
für Typen erstellen:

```
1   type StringOrNumber = string | number;
2   type Text = string | { text: string };
3   type NameLookup = Dictionary<string, Person>;
4   type ObjectStatics = typeof Object;
5   type Callback<T> = (data: T) => void;
6   type Pair<T> = [T, T];
7   type Coordinates = Pair<number>;
8   type Tree<T> = T | { left: Tree<T>, right: Tree<T> };
```

Beachten Sie hier die Möglichkeit, generische Parameter zu benutzen (die letzten vier Zeilen). Mehr zu Generics finden Sie im Kapitel
Weitere Sprachmerkmale in TypeScript.

1.5 Anweisungen – Statements

Folgende Anweisungen stehen als Schlüsselwörter zur Verfügung
(weitgehend identisch mit JavaScript):

- if
- switch
- while

- do
- for, in, of
- break
- continue
- return
- try/catch/throw
- function
- interface, class, extends, implements
- super
- var, const und let

Kontrollstrukturen: if – else

Die if-Anweisung ist eine einfache Fallunterscheidung. Der if-Ausdruck muss vom Typ Boolean sein oder er wird in ein Boolean umgewandelt. Der else-Teil kann entfallen.

```
1   if (Bedingung) {
2       Anweisung1;
3       Anweisung2;
4   } else {
5       Anweisung3;
6   }
```

 ### Blockklammern oder nicht?

Folgt hinter der if-Anweisung nur eine Zeile, können Sie theoretisch die Klammern weglassen. Dies ist jedoch äußerst riskant, weil beim späteren Hinzufügen einer Zeile – und sei es nur ein Kommentar – diese Zeile nicht mehr an der richtigen Stelle ausgeführt wird. Benutzen Sie deshalb immer, auch an den einfachsten Stellen, die geschweiften Klammern.

Kontrollstrukturen: switch – else – default

switch dient der Fallunterscheidung. Als Ausdruck im switch und
den case-Marken können number, string und andere Typen gleichzeitig verwendet werden. Die case-Marken sollten von einem break
beendet werden. Wird ein expliziter case nicht gefunden, wird der
default-Block angesprungen. Der default-Block kann entfallen.

 Umgang mit break

Es erfolgt kein Hinweis bei fehlendem break. Der
Programmfluss setzt mit dem Code des nächsten case-
Zweigs fort, auch wenn dessen Bedingung nicht zu-
treffend ist (was meist nicht das gewünschte Verhalten
darstellt). Das Verhalten des Transpilers kann mit
Schaltern oder in der *tsconfig.json* modifiziert werden.

Kontrollstrukturen: Schleifen

Die Schleifen in JavaScript nutzen die Schlüsselwörter for, while
und do-while.

while

Eine while-Schleife wird, wie auch die for-Schleife, so lange ausgeführt wie die Bedingung wahr (true) ist. Bitte beachten Sie, dass
die Bedingung vor dem Schleifendurchlauf getestet wird.

```
1  while (Bedingung) {
2    Anweisungen ;
3  }
```

do

Alternativ zur `while`-Schleife kann die `do`-Schleife verwendet werden, wenn die Bedingung am Ende eines jeden Schleifendurchlaufs
geprüft werden soll. Bitte beachten Sie hierbei, dass auch, wenn die
Bedingung nicht zutrifft, die Schleife mindestens einmal durchlaufen wird.

```
1  do {
2      Anweisungen ;
3  } while (Bedingung);
```

for

Für Schleifen, welche im weitesten Sinne einer Aufzählung entsprechen, kommt die `for`-Schleife zum Einsatz, welche aus einem
Anfangswert, einer Bedingung und einem Iterator besteht.

Solange die Bedingung wahr (`true`) ist, wird die Ausführung der
Schleife fortgesetzt. Dabei ist zu beachten, dass wenn die Bedingung
beim Betreten bereits falsch (`false`) ist, die Anweisungen innerhalb
der Schleife nicht durchlaufen werden. Nach jedem Schleifendurchlauf wird die Iterationsanweisung ausgeführt und die Bedingung
erneut geprüft.

Allgemein sieht das folgendermaßen aus:

```
1  for (Anfangswert; Bedingung; Iterationsanweisung) {
2      Anweisung(n);
3  }
```

Ein praktisches Beispiel zeigt das folgende Listing.

Listing: Berechnung der Quadratzahlen von 1 bis 10 (intro/for.ts)

```
1   for (let i = 1; i < 11; i++) {
2     console.log("I = " + i + " I*I = " + (i*i));
3   }
```

Zunächst wird die Variable i deklariert und mit dem Wert 1 initialisiert. Bitte beachten Sie, dass hier die Verwendung des Schlüsselwortes var nicht erforderlich ist (Scope ist immer lokal).

In der Bedingung wird überprüft, ob *i* kleiner 11 ist, das bedeutet, die Schleife wird 10 Mal durchlaufen. In der Iterationsanweisung wird *i* mit Hilfe des unären Inkrement-Operators ++ um Eins erhöht. An dieser Stelle können Sie auch i+=1 oder i=i+1 verwenden, um gegebenenfalls andere Schrittweiten vorzugeben.

Alle Parameter von for sind optional´. Eine Endlosschleife geht so:

```
for(;;){}
```

for..in

Eine Variante der for-Schleife kann verwendet werden, um die Eigenschaften eines Objekts zu durchlaufen: die for in-Schleife (hier mit Ausgabe ins Dokument):

```
1   var ausgabe = '';
2   for (var eigenschaft in document) {
3     ausgabe = ausgabe + 'document.' + eigenschaft + ': ' +
4             document[eigenschaft] + '<br>'
5   }
6   document.write('h1>Eigenschaften des Objekts ' +
7             '<i>document</i></h1>');
8   document.write(ausgabe);
```

Das Beispiel zeigt, wie Sie die Eigenschaften des Objekts document durchlaufen können, um beispielsweise die Fähigkeiten des jeweiligen Browsers zu ermitteln. **Dieses Beispiel funktioniert nur im Browser.**

Eigenschaften des Objekts *document*

```
document.location: https://fiddle.jshell.net/_display/
document.fgColor:
document.linkColor:
document.vlinkColor:
document.alinkColor:
document.bgColor:
document.all: [object HTMLAllCollection]
document.clear: function clear() { [native code] }
document.captureEvents: function captureEvents() { [native code] }
document.releaseEvents: function releaseEvents() { [native code] }
document.implementation: [object DOMImplementation]
document.URL: https://fiddle.jshell.net/_display/
document.documentURI: https://fiddle.jshell.net/_display/
document.origin: https://fiddle.jshell.net
document.compatMode: CSS1Compat
document.characterSet: UTF-8
document.charset: UTF-8
document.inputEncoding: UTF-8
document.contentType: text/html
document.doctype: [object DocumentType]
document.documentElement: [object HTMLHtmlElement]
document.xmlEncoding: null
document.xmlVersion: null
```

Abbildung: Ausgabe der Eigenschaften von document (Ausschnitt)

 ## foreach

Es gibt kein `foreach` in TypeScript, allerdings verfügt
das Array-Objekt über die Methode `forEach` und Sie
können Objekte häufig einfach in Arrays überführen.

for..of

Eine weitere Form ist `for .. of`. Diese Schleife funktioniert exakt
wie `for .. in`, liefert aber statt des Index das Element selbst. Das
folgende Beispiel gibt "0, 1, 2" aus:

Listing: intro/forin.ts

```
1  let someArray = [9, 2, 5];
2  for (let item in someArray) {
3    console.log(item);
4  }
```

Dasselbe mit of erzeugt dagegen "9, 2, 5":

Listing: intro/forof.ts

```
1  let otherArray = [9, 2, 5];
2  for (let item of otherArray) {
3    console.log(item);
4  }
```

for..of erfordert einen Iterator. Das trifft auf Arrays zu, auf simple Objekte aber nicht.

Schleifenkontrolle

Mitunter kommt es vor, dass eine Schleife vorzeitig abgebrochen werden soll. Hierfür wird das Schlüsselwort break verwendet. Mit Hilfe des Schlüsselwortes continue ist es möglich, die Abarbeitung mit dem nächsten Schleifendurchlauf fortzusetzen und alle folgenden Anweisungen im Anweisungsblock zu überspringen.

Listing: intro/continue.ts

```
1  for (let i = 1; i < 11; i++) {
2    if (i == 5) continue;
3    console.log("I = " + i + " I*I = " + (i * i));
4    if (i == 9) {
5      break;
6    }
7  }
```

Wenn *i* gleich 5 ist, wird die Abarbeitung der Schleife bei 6 fortgesetzt und alle weiteren Anweisungen werden übersprungen. Wenn i gleich 9 ist, wird die Schleife verlassen und keine weiteren Durchläufe ausgeführt. break und continue können sowohl für for als auch für while- und do-Schleifen verwendet werden.

Schleifen verschachteln

Um bei geschachtelten Schleifen genauer festlegen zu können, welche der Schleifen mit einem continue fortgesetzt wird, wird auf eine Marke (label) mit einem Namen und einem Doppelpunkt verwiesen.

Listing: intro/label.ts

```
outer: for (let i = 0; i < 10; i++) {
  inner: for (let j = 0; j < 10; j++) {
      if (j==3) continue inner;
      if (j==6) continue outer;
      console.log(i + " * " + j + " = " + (i * j));
  }
}
```

Den Schleifen wurden jeweils die Label *inner* und *outer* zugeordnet, um später bei der Verwendung gezielt die innere oder die äußere Schleife ansprechen zu können. So wird für alle *j* gleich 3 die innere Schleife fortgesetzt und für alle *j* gleich 6 die äußere Schleife.

$$0 * 0 = 0$$
$$0 * 1 = 0$$
$$0 * 2 = 0$$
$$0 * 4 = 0$$
$$0 * 5 = 0$$
$$1 * 0 = 0$$
$$1 * 1 = 1$$
$$1 * 2 = 2$$
$$1 * 4 = 4$$
$$1 * 5 = 5$$
$$2 * 0 = 0$$
$$2 * 1 = 2$$
$$2 * 2 = 4$$
$$2 * 4 = 8$$
$$2 * 5 = 10$$

Abbildung: Ausgabe (Ausschnitt vom Anfang)

Fehlerbehandlung

Ausnahmen sind Fehlerbedingungen, welche sich nicht ohne weiteres vorhersehen lassen. Eine Ausnahme wäre beispielsweise zu erwarten, wenn versucht wird, etwas auf eine Festplatte zu schreiben, diese jedoch voll ist.

Ausnahmen (Exceptions)

Folgende Schlüsselwörter stehen zur Verfügung:

- try: Abgesicherter Block
- catch: Fanganweisung
- finally: Unbedingt ausgeführter Anteil (mit oder ohne Fehler)
- throw: Weiterleiten oder Werfen einer Ausnahme

Im Falle eines Fehlers kann eine Ausnahme geworfen werden. Vereinfacht ausgedrückt wird mit dem "Werfen" einer Ausnahme der Programmfluss unterbrochen und an der Stelle fortgesetzt, wo diese Ausnahme mit einem try/catch-Block abgefangen wurde. Grundsätzlich kann jedes Objekt geworfen werden, dabei spielt es keine Rolle, ob Sie eine Zeichenkette oder ein selbstdefiniertes Objekt verwenden. Wichtig ist das Fangen einer Ausnahme.

Listing: intro/trycatch.ts

```
1   function ZeroDivException (msg?: string): void {
2
3     const name = 'ZeroDivException';
4     this.message = msg ? msg : 'Division durch Null!';
5
6     this.toString = () => {
7       return this.name + ': ' + this.message
8     };
9   }
10
11  // Funktion dividiert a durch b und gibt das Ergebnis zurück
12  function div (a: number, b: number): number {
13    if (b == 0) {
14      throw new ZeroDivException ();
15    }
16    return a / b;
17  }
18
19  // Try-Catch-Block zum Abfangen von Ausnahmen
20  try {
21    console.log('10 / 2 = ' + div (10, 2));
22    console.log('5 / 0 = ' + div (5, 0));
23  } catch (e) {
24    console.log('Exception aufgetreten: ' + e);
25  } finally {
26    console.log("Fertig");
27  }
```

Um eine benutzerdefinierte Ausnahme werfen zu können, ist es erforderlich, eine entsprechende Klasse zu erzeugen. In diesem Beispiel heißt die Klasse *ZeroDivException*. Die Objektorientierung unter JavaScript wird im Abschnitt *Objektorientierung* noch genauer betrachtet werden. Mit Hilfe des `this`-Zeigers werden Eigenschaften wie der Name *name* und die Nachricht *msg* festgelegt. Soll keine Nachricht angegeben werden, kommt eine Standardnachricht zur Anwendung. Die Methode `toString` wird erstellt. Immer wenn ein Objekt in eine Zeichenkette zu wandeln ist, wird diese Methode automatisch aufgerufen. In der Funktion *div* wird überprüft, ob der zweite Parameter für die Division `null` ist. Für den Fall, dass der Parameter `b==0` ist, wird eine entsprechende Ausnahme erzeugt und geworfen.

Mögliche Programmteile, welche eine Ausnahme werfen könnten, werden mit einem `try`-Block umschlossen, welcher immer von einem `catch`-Block gefolgt wird. Tritt jetzt eine Ausnahme auf, wird die Abarbeitung in dem `try`-Block abgebrochen und in dem `catch`-Block fortgesetzt. Ferner wird die geworfene Ausnahme innerhalb des `catch`-Blocks zur weiteren Verarbeitung bereitgestellt.

Optional kann der `catch`-Block noch von einem `finally`-Block gefolgt werden. Unabhängig davon, ob eine Ausnahme aufgetreten ist oder nicht, wird der `finally`-Block immer als letzter Block durchlaufen.

Seit TypeScript 2.5 ist es möglich, beim `catch` ganz auf die Variable zu verzichten, weil diese meist keine Bedeutung hat (Zeile 4):

```
1  try {
2    console.log('10 / 2 = ' + div(10, 2));
3    console.log('5 / 0 = ' + div(5, 0));
4  } catch {
5    console.log('Ausnahme aufgetreten');
6  }
```

1.6 Schnittstellen

TypeScript hat vorrangig den Zweck, dass eigene Typen definiert werden können. Dies erfolgt vorzugsweise über Schnittstellen. Die

Schnittstelle beschreibt einen Typ und gibt diesem Typ einen Namen. Aus anderen Sprachen sind für dieses Konzept Klassen oder Strukturen bekannt. Aufgrund der Dynamik der Sprache JavaScript wäre der Aufwand hier unverhältnismäßig hoch und damit laufzeitrelevant.

Der Schnittstellen-Implementierung liegt in TypeScript das Konzept "duck typing" zugrunde. Dabei werden die Attribute eines Objekts allein durch das Vorhandensein von bestimmten Eigenschaften und Methoden beschrieben. Man spricht auch von einem sogenannten "strukturellen Typsystem".

 ## Duck Typing

Der Name "duck typing" kommt aus einer Übertragung einer Zeile folgenden Gedichts: "Wenn ich einen Vogel sehe, der wie eine Ente läuft, wie eine Ente schwimmt und wie eine Ente schnattert, dann nenne ich diesen Vogel eine Ente." (James Whitcomb Riley). Übertragen auf die Typbeschreibung in TypeScript heißt dies, dass die Schnittstelle beschreibt, wie ein Objekt auszusehen hat. Es handelt sich dagegen nicht um eine explizite Implementierungsanweisung wie in C#. Man bezeichnet dies auch als strukturelle Typisierung. Es kommt auf die Struktur des Typs an, nicht auf die Namen der Mitglieder.

Implizite Implementierung

Ein erstes Beispiel zeigt die Anwendung mit impliziter Definition. Dabei wird einem Parameter eine Typbeschreibung mitgegeben:

```
1   function printLabel(typeWithLabel: {label: string}) {
2     console.log(typeWithLabel.label);
3   }
4
5   var labelType = {
6     size: 10,
7     label: 'Beschreibung'
8   };
9   printLabel(labelType);
```

Die Typprüfung setzt auf die Beschreibung {label: string} auf. Dies ist die zu erfüllende Schnittstelle. Werden weitere Mitglieder übergeben, wie hier *size*, so spielt dies keine Rolle.

Das Objekt-Literal

Das in JavaScript übliche Objekt-Literal {} kann auch in TypeScript benutzt werden. Es steht sinngemäß für new Object() und wird bevorzugt eingesetzt, weil es kompakter und besser lesbar ist.

Explizite Implementierung

Neben der impliziten Form kann die Schnittstelle auch explizit festgelegt werden. Dies erfolgt durch das Schlüsselwort interface. Eine Implementierungsanweisung wie bei C# (*Typ : interface*) ist dagegen nicht erforderlich.

```
1   interface SomeType {
2     label: string;
3   }
4
5   function printExLabel(val: SomeType) {
6     console.log(val.label);
7   }
8
9   var labelType = {
10    size: 10,
11    label: 'Beschreibung'
12  };
13  printExLabel(labelType);
```

Der Vorteil der expliziten Definition besteht in der Möglichkeit, die Angabe mehrfach verwenden können. Darüber hinaus lassen sich die Beschreibungen der Schnittstelle zentral als separate Datei ablegen.

Die Reihenfolge der Mitglieder innerhalb der Schnittstelle spielt keine Rolle. Es wird lediglich die Existenz und der skalare Typ geprüft.

Strukturelles Typsystem

Die Art und Weise der Typverarbeitung mag abenteuerlich erscheinen, wenn man zuvor mit Java oder C# gearbeitet hat. Tatsächlich werden hier bei Typprüfungen lediglich Strukturvergleiche durchgeführt. Passen die Mitglieder, dann passt auch der Typ, auch wenn die reine Schreibweise oder der Name dies nicht widerspiegeln.

Optionale Eigenschaften

Die hohe Dynamik von JavaScript ist ein zentrales Merkmal der Sprache. Typstrenge Sprachen fühlen sich dagegen sehr starr an.

Beides hat Vor- und Nachteile. In TypeScript können Schnittstellen optionale Eigenschaften enthalten, um diese Dynamik zu erhalten. Damit wird der Umfang der Mitglieder festgelegt, es kann jedoch davon bei Bedarf abgewichen werden. Die Angabe erfolgt durch ein nachgestelltes (Suffix) Fragezeichen.

Listing: intro/opttype.ts

```
1   interface SquareConfig {
2     color?: string;
3     width?: number;
4   }
5
6   function createSquare(config: SquareConfig)
7     : {color: string; area: number} {
8     var newSquare = {
9       color: "white",
10      area: 100
11    };
12    if (config.color) {
13      newSquare.color = config.color;
14    }
15    if (config.width) {
16      newSquare.area = config.width * config.width;
17    }
18    return newSquare;
19  }
20
21  var mySquare = createSquare({color: "black"});
```

Hier wird die explizite Schnittstelle in Zeile 6 benutzt, während der Rückgabewert der Funktion *createSquare* eine implizite Darstellung nutzt (Zeile 7). Der Sinn optionaler Mitglieder besteht darin, Tippfehler zu vermeiden. Wird das Objekt benutzt, also beispielsweise *config.color* in Zeile 13, so erfolgt eine Prüfung. Schreiben Sie hier *config.clr* ('clr' ist hier ein Beispiel für eine nicht vorhandene Eigenschaft), wird der Compiler einen Fehler melden.

Schnittstellen erweitern

Schnittstellen können erweitert werden. Dadurch ist eine weitere Modularisierung möglich. Benutzt wird dazu das Schlüsselwort extends.

Listing: intro/expandtype.ts

```
1    interface Shape {
2        color: string;
3    }
4
5    interface Square extends Shape {
6        sideLength: number;
7    }
8
9    var square = <Square>{};
10   square.color = "blue";
11   square.sideLength = 10;
```

Wird eine Schnittstelle direkt mit dem Objektliteral benutzt, so wird der Typ in spitze Klammern geschrieben (Zeile 9 im vorherigen Beispiel). Es handelt sich hier quasi um die Erstellung eines neuen Objekts vom Typ der Schnittstelle. Eine Klasse benötigen Sie dazu nicht.

 ## TypeScript und React

Wird TypeScript mit React benutzt, also speziell in der Templatesprache JSX (bzw. hier dann TSX), kollidiert die Schreibweise <Type>{} mit der Syntax der Templatesprache. Dann benutzen Sie das Schlüsselwort as folgendermaßen: {} as Type.

Es ist auch möglich, mehrere Schnittstellen zugleich zu implementieren:

Listing: intro/expandmultitype.ts

```
1    interface Shape {
2        color: string;
3    }
4
5    interface PenStroke {
6        penWidth: number;
7    }
8
9    interface Square extends Shape, PenStroke {
10       sideLength: number;
11   }
12
13   var square = <Square>{};
14   square.color = "blue";
15   square.sideLength = 10;
16   square.penWidth = 5.0;
```

Funktionstypen

In den letzten Beispielen wurde bereits eine implizite Schnittstelle
für einen Funktionstyp benutzt. Dies ist die normale Vorgehensweise. Es muss dazu keine Schnittstelle eingesetzt werden. Nun ist die
Lesbarkeit eines solchen Konstrukts recht bedenklich. Sie können
deshalb die ganze Funktion in einer Schnittstelle definieren. Im
einfachsten Fall sieht dies folgendermaßen aus:

Listing: intro/functype.ts (Teil 1)

```
1    interface SearchFunc {
2      (source: string, subString: string): boolean;
3    }
```

Damit wird die Signatur inklusive des Rückgabetyps festgelegt.
Das Schlüsselwort function wird nicht benutzt, wenn der Typ der
Schnittstelle die Funktion vollständig beschreibt. Einmal definiert,
wird diese Schnittstelle wie zuvor eingesetzt.

Listing: intro/functype.ts (Teil 2)

```
1   var mySearch: SearchFunc;
2   mySearch = function(source: string, subString: string) {
3     var result = source.search(subString);
4     if (result == -1) {
5       return false;
6     }
7     else {
8       return true;
9     }
10  }
```

Wird ein Funktionsname benutzt, handelt es sich um ein reguläres Mitglied (Zeile 2):

```
1   interface SearchFunc {
2     count() : number;
3   }
```

Die Methode muss dann zwingend benannt sein.

Union-Typen

Sind Typen definiert, so lassen sich daraus Kombinationstypen erstellen. Dies kann mit type erfolgen, um die Definition mehrfach zu benutzen:

Listing: intro/union.ts

```
1   interface Square {
2     kind: "square";
3     size: number;
4   }
5
6   interface Rectangle {
7     kind: "rectangle";
8     width: number;
9     height: number;
10  }
11
```

```
12   interface Circle {
13     kind: "circle";
14     radius: number;
15   }
16
17   type Shape = Square | Rectangle | Circle;
```

Der Typ *Shape* kann seinen internen konkreten Typ mit `kind` zurückgeben, wenn er gesetzt wird:

Listing: intro/union.ts (Fortsetzung)

```
1    function area(s: Shape): number {
2      console.log(s.kind);
3      switch (s.kind) {
4        case "square": return s.size * s.size;
5        case "rectangle": return s.width * s.height;
6        case "circle": return Math.PI * s.radius * s.radius;
7      }
8    }
9
10   var s: Shape = <Circle>{ radius: 12, kind: "circle" };
11
12   console.log(area(s));
```

Ohne Instanztyp, beispielsweise einer Klasse, ist der Nutzen schwach. Das Mitglied *kind* ist zwar vordefiniert, geht aber im JavaScript-Code verloren, wird also `undefined`. Wenn der Wert gesetzt ist, wird er kontrolliert, aber das war es dann schon an Typkontrolle.

Der Union-Typ wurde in TypeScript 2.0 eingeführt.

Sie können alternativ Unions direkt benutzen:

```
let s: number | null | undefined = 77;
```

In diesem Beispiel wäre auch ein Optionstyp angebracht (der dann `null` und `undefined` impliziert):

```
let s?: number = 77;
```

Union-Diskriminatoren

Union-Typen sind mächtig, aber führen auch schwer voneinander trennbaren Typkonstrukten. In TypeScript 3.2 sollte folgendes funktionieren:

```
1   type Result<T> =
2       | { error: Error; data: null }
3       | { error: null; data: T };
4
5   function unwrap<T>(result: Result<T>) {
6       if (result.error) {
7           // 'error' ist nicht null
8           throw result.error;
9       }
10
11      // 'data' ist nicht null
12      return result.data;
13  }
```

Diese Funktion nutzt Unions als "entweder-oder"-Konstrukt.

 Das führende / Zeichen (Zeile 2) ohne vorangehenden Wert ist syntaktisch zulässig (und wirkungslos) und wird hier benutzt, um die Lesbarkeit zu verbessern. Es hat keine weitere Bedeutung. Schöner coden ist aber auch wichtig.

Vereinigungs-Typen

Weniger hilfreich, aber technisch möglich sind Typen, die Teiltypen vereinigen:

```
1    type nix = unknown & null;
```

Etwas praktischer geht es mit einer komplexeren Typ-Definition:

```
1    interface Person {
2        name: string;
3        age: number;
4    }
5
6    interface Address {
7        city: string;
8    }
9
10   type Customer = Person & Address;
11
12   var p: Customer = {
13       name: 'Joerg',
14       age: 54,
15       city: 'Berlin'
16   };
```

Es findet für den Typ *Customer* also eine Vereinigung der Typen *Person* und *Address* statt. Aus Typsicht sind dies Mehrfachvererbungen – ohne echte Vererbung freilich. Zur Laufzeit bleibt nichts davon sichtbar.

Indizierte Typen (Indexer)

Objekteigenschaften lassen sich über einen Index adressieren und können Elemente von einem beliebigen Typ enthalten, wobei dann alle Elemente denselben Typ haben. Als Index sind die Typen number und string möglich. Eine Kurzschreibweise der Typ-Deklaration sieht folgendermaßen aus:

```
1   let foo:{ [index:string] : {message: string} } = {};
2
3   foo['val'] = { message: 'works' };
4   console.log(foo['val'].message); // works
```

Dabei erfüllt "val" die Bedingung `string` und das Objekt auf der rechten Seite der Zuweisung die Definition { `message: string` }.

Einfache indizierte Typen

Im folgenden Beispiel wird ein Array simuliert, dessen Elemente über `number` adressiert werden und das Elemente vom Typ `string` enthält.

Listing: intro/arraytype.ts

```
1   interface StringArray {
2     [index: number]: string;
3   }
4
5   var myArray: StringArray;
6   myArray = ['Joerg', 'Matthias'];
```

Sie können nun auf das Array mit *myArray[0]* zugreifen und erhalten 'Joerg' als Antwort. Der Name des Indexers, hier "index", wird im folgenden Verlauf des Codes nicht mehr benutzt und ist eher als erklärender Platzhalter zu verstehen, Sie können hier auch "idx", oder "key" oder was auch immer hinschreiben. Nur entfallen darf der Name nicht.

Die Indizierung mit `string` und `number` ist parallel möglich. Allerdings muss der Wert, der von dem numerischen Index zurückgegeben wird, ein Untertyp des Typs sein, den der Zeichenkettenindex zurückgibt. Die Zuweisung des nativen Arrays gelingt, weil native Arrays Element-Zugriffe mit `number` erlauben, was der Deklaration des Indexers entspricht.

Dictionaries

Dictionaries liefern Schlüssel/Werte-Paare und sind damit flexibler als reine Arrays-Konstrukte. Schauen Sie sich in diesem Zusammenhang auch den nativen Typ Map aus ES 2015 an, der im Abschnitt ECMAScript erläutert wird.

 ### Dictionary (Wörterbuch)

Die Array-Definition erlaubt durch das Festlegen eines string-Index die Konstruktion von Dictionaries ohne weitere Typ-Definition.

Diese Form ist meist ausreichend, hat aber auch Beschränkungen. So ist folgendes nicht möglich:

```
interface Dictionary {
  [index: string]: string;
  length: number;    // Fehler
}
```

Hier wird erwartet, dass *length* einen Typ benutzt, der vom Typ des Indexers abstammt. Der benutzte Typ number stammt aber nicht von string. Ein weiteres Beispiel soll dies nochmals erläutern:

```
interface Dictionary {
  [key: string]: number
  x: number;
  y: number;
}

var l: Dictionary = { x: 0, y:0, 'alpha': 3};
```

Hier wird deklariert, dass ein Indexer-Typ jeden beliebige Eigenschaftsnamen enthalten darf (*key: string*) und das diese Eigenschaften den Typ number haben. Darüberhinaus werden zwei Eigenschaften gleich zu Beginn fest definiert, *x* und *y*. Beide müssen auch den Datentyp des Indexers haben. Die Anführungszeichen um "alpha" im Beispiel (Zeile 7) sind optional und nur erforderlich, wenn Leerzeichen oder für Eigenschaftennamen syntaktisch ungültige Varianten benutzt werden. Theoretisch könnte man die fest definierten Eigenschaften optional machen, aber dieser Fall wird vom Indexer selbst bereits abgedeckt. Bestenfalls dient so eine Variante der Dokumentation.

Gemischte Indexer

Eher selten, aber manchmal beim Integrieren von älterem JavaScript-Code sinnvoll, sind gemischte Indexer. Hier werden die zulässigen Typen `string` und `number` parallel erlaubt:

```
1  interface ArrStr {
2    [key: string]: string | number;
3
4    [index: number]: string;
5
6    length?: number;
7  }
```

Der spannende Teil daran ist die Definition des Subsets *[index: number]: string;*. Verwendungsseitig ergeben sich keine Vorteile. Der Code stützt lediglich exotischere JavaScript-Varianten.

Dictionaries mit begrenzten Schlüsselwerten

Will man die möglichen Eigenschaftennamen eingrenzen, so kann dies durch eine voranlaufende Typ-Deklaration erreicht werden. Das Schlüsselwort `in` wird hier benutzt:

```
1   type Index = 'a' | 'b' | 'c';
2   type FromIndex = { [k in Index]?: number };
3
4   const good: FromIndex = {b: 1, c: 2};
```

Im Beispiel wird der Indexer selbst als optional gekennzeichnet (der ?-Modifizierer in Zeile 2). Das ist wichtig, weil sonst bei der Zuweisung des Wertes alle Namen angegeben werden müssen. Im Beispiel fehlt aber der Name "a", was TypeScript als Fehler werten würde.

Anwendung mit Bibliotheks-Typen

Die Bibliothek *lib.d.ts*, fester Teil von TypeScript. Sie stützt folgendes Beispiel:

Listing: intro/records.ts

```
1   function updateIds<T extends Record<K, string>, K extends string>(
2     obj: T,
3     idFields: K[],
4     idMapping: { [oldId: string]: string }
5   ): Record<K, string> {
6     for (const idField of idFields) {
7       const newId = idMapping[obj[idField]];
8       if (newId) {
9         obj[idField] = newId;
10      }
11    }
12    return obj;
13  }
14  var r: Record<string, string> = {};
15  r['a'] = 'b';
16  r['c'] = 'd';
17  var result = updateIds(r, ['a', 'c'], { 'b': 'r', 'd': 'v' });
18  console.log(result);
```

Die Funktion tauscht Werte im Dictionary aus, erkannt werden hier die Schlüssel "a" und "c". Wenn der Schlüssel "a" den Wert "b" enthält, und nur dann, wird der Wert durch "r" ersetzt. Der Wert "d" des Schlüssels "c" wird durch "v" ersetzt.

Hier wird Record‹T, K› benutzt, was seinerseits nur ein Dictionary ist. Die Definition sieht folgendermaßen aus:

```
1   type Record‹K extends keyof any, T› = {
2       [P in K]: T;
3   };
```

Das Fundament der Definition ist keyof. Dazu wurde bereits im Abschnitt keyof einiges gezeigt.

Schnittstellen und keyof

Dem Abfragen der Eigenschaftennamen von Schnittstellen – im Dictionary-Duktus die Schlüsselwerte – kommt also eine besondere Bedeutung zu.

```
1   interface Person {
2       name: string;
3       age: number;
4       location: string;
5   }
6
7   type K1 = keyof Person;        // "name" | "age" | "location"
8   type K2 = keyof Person[];      // "length" | "push" | "pop" | "concat" | ...
9   type K3 = keyof { [x: string]: Person }; // string
```

Wird nur mit *K1* eine Variable belegt, darf diese "name" oder "age" oder "location" enthalten.

```
1   let a: K1 = 'name';   // OK
2   let a: K1 = 'names';  // Fehler
```

Wird der Index mit einbezogen – das sind dann sogenannte Lookup-Typen – sieht es nur wenig anders aus:

```
1   type P1 = Person["name"];  // string
2   type P2 = Person["name" | "age"];  // string | number
3   type P3 = string["charAt"];  // (pos: number) => string
4   type P4 = string[]["push"];  // (...items: string[]) => number
5   type P5 = string[][0];  // string
```

Der Vorgang ist ein reines Transpiler-Konstrukt, zur Laufzeit wird
nichts ausgewertet.

 keyof geht auf alle Mitglieder eines Objekts. Dies
umfasst auch Methoden.

Spannend ist die Kombination mit extends, wo Mitglieder eines
generischen Typs (Siehe Abschnitt *Generische Typen*) kontrolliert
werden:

```
1   function getProperty<T, K extends keyof T>(obj: T, key: K) {
2       return obj[key];  // Inferred type is T[K]
3   }
```

Eigentlich würde man hier statt *extends keyof T* eher *string* erwarten, aber keyof erlaubt eine gute Konkretisierung. Hier kommt
also nicht das Schlüsselwort, sondern ein syntaktischer Kniff zum
Einsatz. Typsichere generische Definitionen (siehe Kapitel Weitere
Sprachmerkmale) können dies auch nutzen:

```
1   function getProperty<T, K extends keyof T>(obj: T, key: K) {
2       return obj[key]; // Inferred type is T[K]
3   }
4
5   function setProperty<T, K extends keyof T>(obj: T, key: K, value: T[K]) {
6       obj[key] = value;
7   }
8
9   let x = { foo: 10, bar: "hello!" };
10
11  let foo = getProperty(x, "foo"); // number
12  let bar = getProperty(x, "bar"); // string
13  // Fehler! "sososo" ist nicht "foo" | "bar"
14  let oops = getProperty(x, "sososo");
15  // Fehler!, string erwartet number
16  setProperty(x, "foo", "string");
```

Wie nutzt man so etwas? Das folgende Beispiel verwendet die Funktion *getProperty*:

```
1   interface Person {
2     name: string;
3     age: number;
4   }
5
6   var p: Person = {
7     name: 'Joerg',
8     age: 54
9   };
```

Korrekt ist nun dieser Aufruf:

```
1   var r = getProperty<Person, 'name'>(p, 'name');
```

Folgendes ist dagegen falsch:

```
1   var r = getProperty<Person, 'age'>(p, 'name');
```

Da im Aufruf der Funktion "age" verlangt wird, aber beim Abruf dann "name", wird hier ein Fehler angezeigt. Das ist wichtig, weil ansonsten sowohl "age" als auch "name" gültige Eigenschaften sind und ohne die erweiterte Prüfung würde hier der Abruf gelingen, jedoch zur Laufzeit den falschen Wert liefern – ein subtiler Fehler.

Hybride Schnittstellen

Hybride Schnittstellen beschreiben sowohl Eigenschaften als auch Methoden und deren Parameter. Sie können auch untergeordnete Mitglieder haben:

Listing: intro/hybrid.ts

```
interface Counter {
  (start: number): string;
  interval: number;
  count(): void;
  reset(): void;
  value: number;
}

function counterFactory(): Counter {
  var counter = <Counter>function(start: number) {
    this.interval = start;
  };
  counter.value = 0;
  counter.reset = () => {
    counter.interval = 0;
  };
  counter.count = () => {
    counter.value += this.interval;
  };
  return counter;
}

var c = counterFactory();
c.reset();
c(10);
c.count();
c.count();

console.log(c.value);
```

Beachten Sie in dem oben gezeigten Beispiel, dass die Fabrikfunktion hier zwingend erforderlich ist. Es muss explizit eine passende Instanz gebaut werden, was in JavaScript erfolgen muss, weil der Code der Schnittstelle beim Übersetzen verschwindet. Die Anwendung dürfte speziellen Fällen vorbehalten bleiben. Grund ist der Funktionstyp (`start: number`): `string;`, der zwar einiges an Eleganz liefert, bei eher klassisch geschriebenem Code aber lästig werden kann.

1.7 Klassen

Klassen und damit traditionelle Vererbungskonzepte sind in ES 5 normalerweise kein Thema. Funktionen und prototypische Vererbung sind sehr eigene und flexible Konzepte, die bei konsequenter Anwendung auch für komplexere Aufgaben durchaus geeignet sind. Viele Entwickler haben jedoch Schwierigkeiten, JavaScript korrekt zu schreiben, wenn es um objektorientierte Lösungswege geht. Das liegt vor allem daran, dass Umsteiger schwer akzeptieren, dass JavaScript sich sehr grundlegend von anderen Sprachen unterscheidet und nur äußerliche Ähnlichkeiten aufweist.

Mit ECMAScript 2015 (ES 6) wurde deshalb ein `class`-Schlüsselwort eingeführt, dass die Umsetzung objektorientierter Konzepte erleichtert. Dies ändert übrigens nichts am internen Verhalten und die Natur von JavaScript bleibt weiter prototypisch. Es handelt sich lediglich um sogenannten syntaktischen Zucker – Vereinfachungen der Syntax.

TypeScript nimmt den Ansatz aus ES 2015 voraus und bietet Klassen direkt an. Die Umsetzung erfolgt durch den Transpiler mit dem generischen, prototypischen Vererbungsverfahren, dass JavaScript direkt beherrscht. Das sollten Sie im Hinterkopf behalten, da bei bestimmten Szenarien das Verhalten doch nicht vollständig dem klassischer objektorientierter Sprachen entspricht.

Zuerst ein Beispiel, wie eine Klasse definiert werden kann:

Listing: intro/class.ts

```
 1   class Greeter {
 2
 3     constructor(message: string) {
 4       this.greeting = message;
 5     }
 6
 7     greet() {
 8       return "Hallo " + this.greeting;
 9     }
10
11     greeting: string;
12   }
13
14   var greeter = new Greeter("Joerg");
```

Diese Klasse hat ein Feld *greeting*, eine Methode *greet()* und einen Konstruktor – insgesamt also drei Mitglieder. Wird auf Mitglieder intern zugegriffen, erfolgt dies mit this. Die Nutzung von this ist zwingend.

Instanzen werden mit dem Operator new erzeugt. Die Parameter sind die im Konstruktor definierten. Der Konstruktor wird immer constructor genannt. Es gibt keine Überladungen, das Schlüsselwort darf nur einmal auftreten. Nutzen Sie stattdessen variable oder optionale Parameter, den Spread-Operator oder arguments im Code des Konstruktors. Der Grund für die Beschränkung ist die Benutzung des Funktions-Patterns im übersetzten Code, der zeigt, dass eine solche Überladungsmöglichkeit in JavaScript schlicht nicht besteht.

Vererbung

Ein fundamentales Konzept objektorientierter Sprachen ist die Vererbung. Bestehende Klassen dienen als Grundlage weiterer Klassen, was Pflege und Nutzung vereinfacht.

In TypeScript erfolgt die Vererbung über das Schlüsselwort extends:

Listing: intro/inherits.ts

```
1   class Animal {
2     name:string;
3     constructor(theName: string) {
4       this.name = theName;
5     }
6     move(meters: number = 0) {
7       console.log(this.name + " bewegte sich " + meters + " m.");
8     }
9   }
10
11  class Snake extends Animal {
12    constructor(name: string) { super(name); }
13    move(meters = 5) {
14      console.log("Schlängeln...");
15      super.move(meters);
16    }
17  }
18
19  class Horse extends Animal {
20    constructor(name: string) { super(name); }
21    move(meters = 45) {
22      console.log("Galoppieren...");
23      super.move(meters);
24    }
25  }
26
27  var sch = new Snake("Eine Schlange");
28  var pfd: Animal = new Horse("Ein Pferd");
29
30  sch.move();
31  pfd.move(34);
```

Hier wird die Klasse *Animal* als Grundlage für zwei weitere Klassen *Horse* und *Snake* benutzt, die die Eigenschaften und Methoden der Basisklasse übernehmen. Dabei können die Mitglieder nicht nur benutzt, sondern auch überschrieben werden – also quasi durch eine angepasste Version ersetzt werden. Dies passiert im Beispiel mit der Methode *move*. Damit die geerbte Version nicht verloren geht, wird auf die Basisklasse mit super zugegriffen. Innerhalb der Klasse selbst ist dagegen wieder this zu benutzen.

Schutz von Mitgliedern

Eng verbunden mit der Vererbung ist der Schutz von Mitgliedern. JavaScript bietet hier keine explizite Unterstützung. Durch den Sichtbereich (scope) der Variablen innerhalb einer Funktion können Mitglieder jedoch technisch gekapselt werden. Das ist freilich ebenso wenig intuitiv wie die prototypische Vererbung.

TypeScript bietet hier eine Vereinfachung mit Hilfe des Schlüsselworts `private` an. Öffentlich (public) sind alle Mitglieder standardmäßig. Sie können aber zur Förderung der Lesbarkeit das Schlüsselwort `public` benutzen. Den generierten JavaScript-Code ändert dies nicht.

```
1   class Animal {
2       private name:string;
3       constructor(theName: string) { this.name = theName; }
4       move(meters: number) {
5           console.log(this.name + " bewegt sich " + meters + " m.");
6       }
7   }
```

Klassenmitglieder können auch mit `protected` geöffnet oder geschützt werden. Das geht auch auf dem Konstruktor. Diese Form erlaubt den Zugriff nur in erbenden Klassen.

```
1    class Base {
2      protected name: string;
3    }
4
5    class Derived extends Base {
6      name = "derived";
7    }
8
9    let c = new Derived();
10   c.name = "test"; // Fehler
```

Der Zugriff in Zeile 10 (`c.name`) misslingt, weil *name* `protected` ist. Das Feld ist außerhalb der Klasse nicht sichtbar.

Typvergleich

Das Typsystem von TypeScript ist vergleichsweise primitiv. Ein Objekt ist strukturell identisch, wenn alle Mitglieder denselben Typ haben. Das war schon die Grundlage bei den Schnittstellen. Herkunft, Vererbung oder Art der Erstellung spielen keine Rolle. Die Kompatibilität ergibt sich allein aus der Struktur.

Sind private Mitglieder dabei, sieht dies anders aus. Hier wird davon ausgegangen, dass eine Typgleichheit nur besteht, wenn beide Objekte auf derselben Deklaration beruhen. Ein "fremdes" privates Mitglied ist nie mit einem anderen privaten Mitglied kompatibel.

Das folgende Beispiel zeigt, wie dies gemeint ist:

Listing: intro/inheriterr.ts

```
1   class Animal {
2       private name:string;
3       constructor(theName: string) {
4         this.name = theName;
5       }
6   }
7
8   class Rhino extends Animal {
9           constructor() { super("Rhino"); }
10  }
11
12  class Employee {
13      private name:string;
14      constructor(theName: string) {
15        this.name = theName;
16      }
17  }
18
19  var animal = new Animal("Goat");
20  var rhino = new Rhino();
21  var employee = new Employee("Bob");
22
23  animal = rhino;
24  animal = employee; // --> Fehler
```

In Zeile 24 tritt hier ein Fehler auf, weil die beiden Typen *Employee*

und *Animal* nicht kompatibel sind. Beide haben zwar ein privates
Mitglied *name*, aber dies ist jeweils nicht sichtbar und deshalb wird
es beim Typvergleich nicht mit einbezogen.

Automatische Felder

Die Deklaration eines Felds kann direkt im Konstruktor erfolgen,
wenn ihm ein Zugriffsmodifizierer vorangestellt wird:

```
1   class Animal {
2     constructor(private name: string) {
3     }
4     move(meters: number) {
5       console.log(`${this.name} bewegt sich ${meters} m.`);
6     }
7   }
```

Durch die Benutzung von `private` wird das passende Feld automatisch erzeugt und zugewiesen. Es handelt sich hier um syntaktischen
Zucker, eine Vereinfachung der Schreibweise und keine explizit
neue Funktion. Der JavaScript-Code, der bei der Zielplattform "es5"
erzeugt wird, sieht folgendermaßen aus:

```
1   var Animal = (function () {
2       function Animal(name) {
3           this.name = name;
4       }
5       Animal.prototype.move = function (meters) {
6           console.log(this.name + " bewegt sich " + meters + " m.");
7       };
8       return Animal;
9   }());
```

Beachten Sie hier die Zeilen 2 bis 4, das ist die Konstruktorfunktion.
Mit `private` wird ein geschütztes Feld erzeugt sowie mit `public`
ein öffentliches. Es hat den Namen des Parameters. Eine explizite
Deklaration in der Klasse ist weder notwendig noch möglich.

Es handelt sich hier um sogenannten "syntactic sugar" – eine Vereinfachung der Schreibweise, nicht um ein Feature. Die Benutzung des Modifizierers erspart lediglich einiges an Schreibaufwand.

Eigenschaften

Der Zugriff auf Mitglieder kann mit private geschützt werden. Ist jedoch ein feingranularer Zugriff auf Daten notwendig, werden dazu in den meisten Sprachen Eigenschaften benutzt. JavaScript bietet hier einige Unterstützung durch eine spezielle Deklarationssyntax an. Diese ist jedoch eher seltsam anmutend und wird wenig benutzt. Mit ES 2015 wird es eine spezielle vereinfachte Syntax für Eigenschaften geben. Deren Form nimmt TypeScript voraus.

Aus Feldern entstehen Eigenschaften durch explizite Get- und Set-Zweige. Sie regeln das Lesen (get) und Schreiben (set) der Werte in die Mitglieder der Instanz der Klasse.

Ein einfache Klasse ohne derartige Kontrolle kennen Sie bereits:

```
1  class Employee {
2     fullName: string;
3  }
4
5  var employee = new Employee();
6  employee.fullName = "Joerg Krause";
7  if (employee.fullName) {
8     console.log(employee.fullName);
9  }
```

Damit besteht praktisch unkontrollierter Zugriff auf *fullName*. Die Lösung, um dies zu verhindern, ist eine Eigenschaft. Wie in anderen Sprachen auch handelt sich dabei erneut um einen syntaktischen Kniff – intern handelt es sich um zwei Methoden, die Zugriff auf ein Feld haben. Eine Methode schreibt hinein, eine liest den Wert aus.

In TypeScript werden solche Methoden auch so geschrieben, lediglich die Schlüsselwörter get und set deuten auf die Nutzung als Eigenschaft hin:

Listing: intro/props.ts

```
1   var passcode = "secret passcode";
2
3   class SecretEmployee {
4     private _fullName: string;
5
6     get fullName(): string {
7       return this._fullName;
8     }
9
10    set fullName(newName: string) {
11      if (passcode && passcode == "secret passcode") {
12        this._fullName = newName;
13      } else {
14        alert("Error: Unauthorized update of employee!");
15      }
16    }
17  }
18
19  var secret = new SecretEmployee();
20  secret.fullName = "Bob Smith";
21  if (secret.fullName) {
22    console.log(secret.fullName);
23  }
```

Im Beispiel ist der Zugriff auf das private Feld _fullName_ über die Eigenschaft _fullName_ geschützt. Zeile 22 zeigt, dass die Methoden indirekt benutzt werden – der Zugriff erfolgt wie bei einem Feld. Beachten Sie bei der set-Methode, dass hier kein Rückgabetyp angegeben werden darf, auch nicht void.

 Damit das funktioniert, muss als Zielsprache (die Sprachversion, in die TypeScript transpiliert wird) wenigstens ECMAScript 5 benutzt werden. Das sollte im Normalfall immer der Fall sein.

Eigenschaften können selbst Modifizierer wie private oder protected haben. Der Einsatz erfolgt auf set und auf get.

Zuweisungstest

Im Strict-Modus des Transpilers wird versucht zu erkennen, ob eine Variable oder Eigenschaft im Konstruktor zugewiesen wurde. Dazu schauen Sie sich folgenden Code an:

```
1   class SomeClass {
2       foo: number;
3
4       constructor() {
5           this.initialize();
6       }
7
8       initialize() {
9           this.foo = 0;
10      }
11  }
```

Dies führt zu einem Fehler (im Strict-Modus), weil im Konstruktor keine Zuweisung eines Standardwertes erfolgt. Die Eigenschaft *foo* kann nun auch so geschrieben werden:

```
foo!: number;
```

Der entscheidende Teil ist der !-Modifizierer.

Spezielle Modifizierer

Einige spezielle Modifizierer sind verfügbar, ähnlich wie sie auch andere Sprachen bieten.

Nur lesbar: readonly

Ein Element kann mittels readonly vor Veränderungen geschützt werden. Der Wert kann im Körper einer Klasse oder im Konstruktur (letztmalig) gesetzt werden.

Implementierung von Schnittstellen

Schnittstellen wurden bereits benutzt, um Typdeklarationen zu erstellen. Sie dienen jedoch auch – wie in anderen Sprachen – zur Definition der öffentlichen Fassade einer Klasse. Mit Schnittstellen wird eine bestimmte Implementierung erzwungen. Benutzt wird dazu implements:

```
1  interface ClockInterface {
2    currentTime: Date;
3  }
4
5  class Clock implements ClockInterface  {
6    currentTime: Date;
7    constructor(h: number, m: number) { }
8  }
```

In diesem Beispiel muss ein Feld mit dem Namen *currentTime* und dem Datentyp Date in der Klasse vorhanden sein, weil die Schnittstelle es so fordert. Zusätzliche Mitglieder sind jederzeit möglich. Die Mitglieder können Felder, Eigenschaften oder Methoden sein:

```
1   interface ClockInterface {
2     currentTime: Date;
3     setTime(d: Date);
4   }
5
6   class Clock implements ClockInterface  {
7     currentTime: Date;
8     setTime(d: Date) {
9       this.currentTime = d;
10    }
11    constructor(h: number, m: number) { }
12  }
```

Schnittstellen dienen dazu, eine rein öffentliche Sicht auf die Klasse zu ermöglichen. Die betroffenen Mitglieder sind immer öffentlich. Damit wird auch der Objektvergleich vereinfacht, weil keine Trennung in öffentliche und private Mitglieder erfolgt.

Soll der Konstruktor in der Schnittstelle erzwungen werden, wird hier new benutzt:

Listing: intro/static.ts

```
interface ClockStatic {
  new (hour: number, minute: number);
}

class Clock {
  currentTime: string;
  constructor(h: number, m: number) {
    this.currentTime = `${h}:${m}`;
  }
}

var cs: ClockStatic = Clock;
var newClock = new cs(7, 30);

console.log(newClock.currentTime);
```

Statische Klassen

Klassen sind Baupläne für Objekte. Die Objekte werden Instanzen genannt. Allerdings kann auch der Bauplan aktiven Code enthalten und direkt benutzt werden. Das ist praktisch, wenn Sie keine Instanzen benötigen und nur direkt mit einer Datenstruktur arbeiten möchten. Dies ist auch sinnvoll, wenn Mitglieder zwischen Instanzen geteilt werden – also alle Instanzen auf dieselben Mitglieder zugreifen.

Wenn eine Klasse eine Schnittstelle implementiert, wird nur die Instanz der Klasse geprüft. Statische Mitglieder werden nicht betrachtet. Der Konstruktor ist ein statisches Mitglied (er muss ja bereits vor der Instanz da sein). Er wird deshalb nicht in die Typprüfung mit einbezogen. Für statische Mitglieder entfällt deshalb auch die Schnittstelle.

Mit statischen Elementen können Sie deshalb immer direkt arbeiten:

Listing: intro/static2.ts

```
1   class ClockS  {
2     static currentTime: string;
3     static setTime(h: number, m: number) {
4       ClockS.currentTime = `${h}:${m}`;
5     }
6   }
7
8   ClockS.setTime(4, 30);
9
10  console.log(ClockS.currentTime);
```

Schaut man sich die übersetzte Version an, so unterscheidet sich der Code nur geringfügig von dem üblichem Pattern. Konkret wird auf den Zugriff auf this verzichtet:

```
1   var ClockS = /** @class */ (function () {
2       function ClockS() {
3       }
4       ClockS.setTime = function (h, m) {
5           ClockS.currentTime = h + ":" + m;
6       };
7       return ClockS;
8   }());
9   ClockS.setTime(4, 30);
10  console.log(ClockS.currentTime);
```

Das Schlüsselwort dafür ist, wie üblich in Sprachen im C-Stil, static.

Das folgende Beispiel zeigt, wie sich Instanzen das Feld *origin* (Zeile 2) teilen.

Listing: intro/staticgrid.ts

```
1   class Grid {
2     static origin = {x: 0, y: 0};
3     calculateDistance(point: {
4                         x: number;
5                         y: number;
6                       }) {
7       var xDist = (point.x - Grid.origin.x);
8       var yDist = (point.y - Grid.origin.y);
9       return Math.sqrt(xDist * xDist + yDist * yDist) / this.scale;
10    }
11    constructor (public scale: number) { }
12  }
13
14  var grid1 = new Grid(1.0);  // 1x scale
15  var grid2 = new Grid(5.0);  // 5x scale
16
17  const log = console.log;
18
19  log(grid1.calculateDistance({x: 10, y: 10}));
20  log(grid2.calculateDistance({x: 10, y: 10}));
```

Wenn ein Objekt Daten in das statische Feld schreibt, gilt dieser Wert in allen Instanzen. Der Zugriff auf das statische Feld erfolgt über den Klassennamen, wie in Zeile 7 und 8 gezeigt (Grid.origin.x).

Konstruktoren

Konstruktoren wurden bei einigen vorangegangenen Beispielen bereits benutzt. Es sind Methoden, die aufgerufen werden, wenn mit new eine Instanz gebildet wird.

Listing: intro/constctor.ts

```
1   class GreeterClass {
2     greeting: string;
3     constructor(message: string) {
4       this.greeting = message;
5     }
6     greet() {
7       return "Hallo " + this.greeting;
8     }
9   }
10
11  var greeter: GreeterClass;
12  greeter = new GreeterClass("Joerg");
13  console.log(greeter.greet());
```

Da ECMAScript 5 dies nur über Funktionen abbilden kann, ist der vom Transpiler erzeugte Code weniger intuitiv. In JavaScript sieht es folgendermaßen aus:

```
1   var GreeterClass = /** @class */ (function () {
2       function GreeterClass(message) {
3           this.greeting = message;
4       }
5       GreeterClass.prototype.greet = function () {
6           return "Hallo " + this.greeting;
7       };
8       return GreeterClass;
9   }());
10  var greeter;
11  greeter = new GreeterClass("Joerg");
12  console.log(greeter.greet());
```

Der Rückgabewert des Funktionsmoduls ist die Methode *Greeter* (Zeile 8 mit Verweis auf Zeile 2). Auf diese wird dann new angewendet (Zeile 12). Der Konstruktor wird außerdem mit den Mitgliedern prototypisch erweitert, sodass diese Mitglieder in allen Instanzen verfügbar sind.

Interessant ist nun die Umsetzung statischer Mitglieder in diesem Konstrukt.

Listing: intro/conststat.ts

```typescript
1   class GreeterStat {
2     static standardGreeting = "Hello, there";
3     greeting: string;
4     greet() {
5       if (this.greeting) {
6         return "Hello, " + this.greeting;
7       } else {
8         return GreeterStat.standardGreeting;
9       }
10    }
11  }
12
13  var greeter1: GreeterStat;
14  greeter1 = new GreeterStat();
15  console.log(greeter1.greet());
16
17  var greeterMaker: typeof GreeterStat = GreeterStat;
18  greeterMaker.standardGreeting = "Hey there!";
19  var greeter2: GreeterStat = new greeterMaker();
20  console.log(greeter2.greet());
```

Hier ist *greeter1* ähnlich wie im vorhergehenden Beispiel. Anders sieht es bei *greeterMaker* aus. Diese Variable enthält keine Instanz, sondern den Typ der Klasse selbst. Darauf ist der Zugriff auf die Konstruktorfunktion auf direktem Wege mittels new möglich. Wird also auf diesen Typ mit new zugegriffen, erhält man wieder ein Objektinstanz vom Typ der Klasse. Alle Instanzen haben überdies Zugriff auf das statische Feld *standardGreeting* im Beispiel, was auch auf dem Typ selbst möglich ist (Zeile 18 macht davon Gebrauch).

Schnittstellen aus Klassen

In klassischen objektorientierten Sprachen implementieren Klassen Schnittstellen. Schnittstellen sind der Ursprung einer Definitionskette für Typen. In TypeScript können Sie dies dagegen auch umkehren. Da Schnittstellen lediglich Typdefinitionen sind, können diese selbst auf anderen Typen aufbauen. Eine Klasse kann nun benutzt werden, um eine Schnittstelle zu erweitern:

Listing: intro/interclass.ts

```
1   class Point {
2     x: number;
3     y: number;
4   }
5
6   interface Point3d extends Point {
7     z: number;
8   }
9
10  var point3d: Point3d = {x: 1, y: 2, z: 3};
11
12  console.log(point3d.z); // 3
```

Bei der Zuweisung des Objektliterals in diesem Beispiel wird die Gültigkeit des Typs gegen die Schnittstellen geprüft. Wie deren Deklaration erfolgte, ist nicht von Bedeutung.

 Im Sinne einer sauberen, lesbaren Code-Struktur sollten Sie derartige Konstrukte eher vermeiden. Nicht alles, was geht, ist auch sinnvoll.

2. ECMAScript

Dieses Kapitel behandelt die herausragenden Sprachmerkmale von ES 2015 bis ES 2018, so wie sie vom TypeScript-Transpiler explizit unterstützt werden.

2.1 Parameter und Zuweisungen

Der flexible Umgang mit Parametern und Zuweisungen steht im Vordergrund bei ECMAScript 2015. Dazu werden weitere Operatoren eingeführt.

Tuples

Tuples (dt. Tupel[1], aber das ist sehr ungebräuchlich) sind mit ECMAScript2015 eingeführt worden und werden vollständig von TypeScript unterstützt. Zuweisungen auf der linken Seite erlauben die Angabe mehrerer Ziele, hier wird also keinesfalls ein Array gebildet:

```
1   var list = [ 1, 2, 3 ];
2   var [ a, , b ] = list;
3   [ b, a ] = [ a, b ];
```

Fehlende Werte sind erlaubt und werden auf undefined gesetzt. Um das zu vermeiden, kann man Standardwerte angeben:

---

[1]https://de.wikipedia.org/wiki/Tupel_(Informatik)

```
1   var list = [ 7, 42 ];
2   var [ a = 1, b = 2, c = 3, d ] = list;
3   // Folgende Aussagen sind wahr:
4   a === 7;
5   b === 42;
6   c === 3;
7   d === undefined;
```

Die Tuples müssen dabei auf der Zielseite nicht vollständig befüllt sein:

```
1   const [,, x, y] = ['a', 'b', 'c', 'd'];
2   x === 'c';
3   y === 'd'
```

Fehlendes ist immer zulässig:

```
1   const [x, y, ...z] = ['a'];
2   x ==='a';
3   y === undefined;
4   z === [];
```

Mit Typen sieht dies nun folgendermaßen aus:

```
1   const args: [number, string, boolean] = [42, "hello", true];
```

Die Werte können auch als optional gekennzeichnet werden:

```
1   let t: [number, string?, boolean?];
2   t = [42, "hello", true];
3   t = [42, "hello"];
4   t = [42];
```

Der Spread-Operator ...

Der Spread-Operator ... erfasst Werte in Arrays. Im folgenden Beispiel werden alle Werte ab dem dritten in einem Array zusammengefasst:

```
1   function f (x, y, ...a) {
2     return (x + y) * a.length;
3   }
4   f(1, 2, "hello", true, 7) === 9;
```

Die Eigenschaft *length* funktioniert, weil aus einer beliebigen, auch leeren, Parameterliste ein Array entsteht. Das gilt auch, wenn die Zuweisung in einem Array erfolgt:

```
1   var params = [ "hello", true, 7 ];
2   var other = [ 1, 2, ...params ];
```

Das Array *other* enthält nun dies Wert: [1, 2, "hello", true, 7]. Das Array wird dabei flach gehalten und nicht verschachtelt.

Auch Zeichenketten lassen sich so leicht zerlegen:

```
1   var str = "foo";
2   var chars = [ ...str ];
```

In *chars* steht nun ["f", "o", "o"].

Da die Array-Funktion push auch selbst ein Array als Argument kennt, würde ein Array in einem Array entstehen. Oft ist dies nicht erwünscht. Der Spread-Operator löst das Problem:

```
1   var arr1 = [0, 1, 2];
2   var arr2 = [3, 4, 5];
3   arr1.push(...arr2);
```

Rest-Operator ...

Der Rest-Operator ist das Gegenstück zu Spread-Operator und nutzt dasselbe Literal. Damit werden Arrays und Objekte zerlegt – destrukturiert.

Rest-Tuples

Rest-Tuples sind mittels Rest-Operator benutzte Beschränkungen von generischen Typen. Das Rest-Operatoren in Arrays zerfallen, ist die Beschreibung in der Regel *extends any[]* (oder ein konkreter Typ).

```
1   function tuple<T extends any[]>(...args: T): T {
2       return args;
3   }
4
5   const numbers: number[] = getArrayOfNumbers();
6   const t1 = tuple("foo", 1, true);      // [string, number, boolean]
7   const t2 = tuple("bar", ...numbers);   // [string, ...number[]]
```

Objekte

Bei Objekten können die Eigenschaften extrahiert werden.

```
1   var { op, lhs, rhs } = functionReturnsAnObject();
2
3   var tmp = functionReturnsAnObject();
4   var op = tmp.op;
5   var lhs = tmp.lhs;
6   var rhs = tmp.rhs;
```

Statt die Namen uz übernehmen, können diese auch gleich umbenannt werden:

```
1   var {
2     ops: a,
3     left: {
4       ops: b
5     },
6     right: c
7   } = getObjectValues();
```

In dem letzten Beispiel entstehen drei Variablen, "a", "b" und "c", denen die Eigenschaften "ops", "left.ops" und "right" zugewiesen werden.

Parameter-Objekte

Wenn viele Parameter übergeben werden sollen, dann wird das schnell unübersichtlich. Parameter-Objekte helfen dabei, komplexe Objekte anzuliefern und dann einfach in singuläre Variablen zu zerlegen.

```
1    function f ([ name, val ]) {
2      console.log(name, val);
3    }
4    function g ({ name: n, val: v }) {
5      console.log(n, v);
6    }
7    function h ({ name, val }) {
8      console.log(name, val);
9    }
10   f([ "bar", 42 ]);
11   g({ name: "foo", val: 7 });
12   h({ name: "bar", val: 42 });
```

2.2 Asynchrone Programmierung

JavaScript ist single-threaded. Zugriffe die länger als 50ms dauern könnten, sollten daher nicht im aktuellen Kontext laufen. Asynchron kann mit diversen Methoden gearbeitet werden. Mögliche native Varianten sind:

- `setInterval`
- `setTimeout`
- `requestAnimationFrame`
- `XMLHttpRequest`
- `WebSocket`
- Web Workers
- HTML5 API, z.B. File API, Web Database API
- `onload`
- `Promise`

> Der Verzicht auf Threads wurde eingeführt, weil man die Pro-
> grammierschnittstelle einfach halten wollte. So können auch
> Personen, die nur gelegentlich mal was skripten, Code schrei-
> ben. Bei großen Projekten ist dies aber eine wesentliche Be-
> schränkung.

Promise

Unter den Programmiervarianten für asynchrones Programmieren ist `setTimeout` das bekannteste. In neueren Umgebungen ist
`Promise` sicher der Favorit. Ein einfaches Promise-Beispiel sieht
folgendermaßen aus:

```
1  let promise = new Promise((resolve, reject) => {
2    // Hier Dinge tun, async oder wie auch immer
3    if (success) {
4      resolve("Ergebnis");
5    } else {
6      reject(Error("Fehler"));
7    }
8  });
```

Der passende Aufruf geht nun folgendermaßen:

```
1  promise.then((ergebnis: string) => {  })
2          .catch((error: Error) => {  });
```

TypeScript macht es besonders einfach und führt zwei Schlüsselwörter ein (verfügbar ab 1.7. und seit 2.1 auch für ältere Browser).

async/await

Mittels async wird angezeigt, dass diese Methode asynchrone Aufrufe enthält. Der Aufruf selbst wird dann mit await angehalten und asynchron ausgeführt. Nach der Rückkehr wird das asynchrone Objekt (meist ein Promise<T>) ermittelt und aufgelöst, sodass T nun zugreifbar ist. Der Rückgabewert ist optional.

Listing: advanced/async/async.ts

```
1  "use strict";
2
3  async function printDelayed(elements: string[]) {
4    for (const element of elements) {
5      await delay(200);
6      console.log(element);
7    }
8  }
9
10  async function delay(milliseconds: number) {
11    return new Promise<void>(resolve => {
12      setTimeout(resolve, milliseconds);
13    });
```

```
14   }
15
16   printDelayed(["Hallo", "neue", "asynchrone", "Welt"]).then(() => {
17       console.log();
18       console.log("Printed every element!");
19   });
```

Dieses Skript benötigt Zugriff auf die Promise-Klasse. Dazu muss das Skript mit der Option --es2015 übersetzt werden. Wenn Sie das Beispiel aus dem Github-Projekt zum Buch auf der Kommandozeile übersetzen, dann geben Sie nur *tsc* ein. Im Ordner liegt eine *tsconfig.json*, die sich darum kümmert, aber die wird nur akzeptiert, wenn auf der Kommandozeile *keine* Datei angegeben wird.

2.3 Web-Worker

Ein neuer Web Worker kann eingerichtet werden, indem ein externes Skript aufgerufen wird. Der Browser lädt dabei das angegebene Skript in einen neuen Thread. Die Kommunikation mit dem Worker kann in beide Richtungen über die Methode *postMessage* und das Ereignis *onmessage* erfolgen. Der Worker ist immer asynchron.

```
1    var w;
2    function startWorker() {
3      if(typeof(Worker) !== "undefined") {
4        if(typeof(w) == "undefined") {
5          w = new Worker("demo_workers.js");
6        }
7        w.onmessage = function(event) {
8          document.getElementById("result").innerHTML = event.data;
9        };
10     } else {
11       // Nicht unterstützt
12     }
13   }
14   function stopWorker() {
15     w.terminate();
16     w = undefined;
17   }
```

Web-Worker sind Teil der HTML5-Spezifikation und stehen in *NodeJS* nicht zur Verfügung. In Node ist die passende Methode *child_process*. Darauf basierend liefert das Projekt *https://github.com/audreyt/node-webworker-threads* eine mit Web-Workern vergleichbare API.

2.4 Set und Map

Set und Map sind Alternativen zum Array. Sie bieten mehr Kontrolle und sind wie Arrays iterativ, können also mit for..of-Schleifen benutzt werden.

Set

Set erstellt Listen. Die Werte in den Listen sind eindeutig – das ist der wesentliche Unterschied zum Array.

```
let s = new Set();
s.add("hello").add("goodbye").add("hello");
s.size === 2;
s.has("hello") === true;
for (let key of s.values()) // insertion order
console.log(key);
```

Map

Map erstellt Dictionaries – das sind Listen mit Schlüssel/Werte-Paaren.

```
1    let m = new Map();
2    m.set("hello", 42);
3    m.set(s, 34);                    // in ES 5 nicht möglich
4    m.get(s) === 34;                 // in ES 5 nicht möglich
5    m.size === 2;
6    for (let [ key, val ] of m.entries())
7    console.log(key + " = " + val);
```

Schwache Listen

Hier sind die Typen WeakSet und WeakMap zu finden, die einen besseren Umgang mit dereferenzierten Objekten erlauben, was dem Garbage Collector hilft.

```
1    let isMarked = new WeakSet();
2    let attachedData = new WeakMap();
3    export class Node {
4        constructor (id) {
5            this.id = id;
6        }
7        mark () { isMarked.add(this); }
8        unmark () { isMarked.delete(this); }
9        marked () { return isMarked.has(this); }
10       set data (data) { attachedData.set(this, data); }
11       get data () { return attachedData.get(this); }
12   }
13   let foo = new Node("foo");
14   JSON.stringify(foo) === '{"id":"foo"}';
15   foo.mark();
16   foo.data = "bar";
```

3. Modularisierung

Mit den Grundlagen gerüstet zeigt dieses Kapitel, wie TypeScript benutzt werden kann, um größere Projekte sauber strukturiert umzusetzen.

3.1 Module

Ein wichtiges Konzept dabei sind Module. Module ermöglichen einen modularen Aufbau des Quellcodes. Dies ist notwendig, weil die klassische Zerlegung in Klassen und Typen und das gemeinsame Übersetzen in ein finales Konvolut nicht funktionieren – es entsteht keine DLL oder eine jar-Datei aus all dem Code.

Module dienen der Organisation von Code. Es gibt in TypeScript interne und externe Module. Die internen Module werden auch als Namensraum (namespace) bezeichnet, während externe Module den generischen Begriff module nutzen.

Schauen Sie sich als Beispiel zuerst folgenden Code an, der eine einfache Eingabeprüfung ausführen kann. Alles befindet sich in einer einzigen Datei:

Listing: modules/single.ts

```ts
interface StringValidator {
    isAcceptable(s: string): boolean;
}

var lettersRegexp = /^[A-Za-z]+$/;
var numberRegexp = /^[0-9]+$/;

class LettersOnlyValidator implements StringValidator {
    isAcceptable(s: string) {
        return lettersRegexp.test(s);
    }
}

class ZipCodeValidator implements StringValidator {
    isAcceptable(s: string) {
        return s.length === 5 && numberRegexp.test(s);
    }
}

// Übungsbeispiel
var strings = ['Hallo', '12683', '23'];
// Die Validatoren
var validators: { [s: string]: StringValidator; } = {};
validators['ZIP code'] = new ZipCodeValidator();
validators['Letters only'] = new LettersOnlyValidator();
// Ergebnis der Validierung
strings.forEach(s => {
    for (var name in validators) {
        console.log('"' + s + '" ' + (validators[name].isAcceptable(s) ? '\
 passt ' : ' passt nicht ') + name);
    }
});
```

Das funktioniert, ist aber relativ unübersichtlich. Eine Trennung von Schnittstelle, Klassen und diese nutzenden Code wäre absolut sinnvoll.

Module erstellen

Wenn mehr Klassen hinzukommen, wird der Code nicht nur unschön, sondern irgendwann unbeherrschbar. Die Typen sind darüberhinaus alle im globalen Namensraum, was meist keine gute Idee ist.

 Genau genommen ist der globale Namensraum tabu und die Nutzung im Code ist schlicht ein Antipattern. Allerdings kann der benutzte Namensraum beim Import von exportierten Typen angepasst werden, was das Problem ebenso entschärft und meist bequemer ist.

Die Lösung ist die Verpackung des Codes in einen Namensraum. Dazu dient in TypeScript das Schlüsselwort namespace.

Export

Innerhalb des Moduls werden die Teile, die öffentlich sichtbar sein sollen, exportiert. Dies erfolgt mit dem Zugriffsmodifizierer export. Der Namensraum ist dazu nicht zwingend erforderlich.

```typescript
namespace Validation {

    export interface StringValidator {
        isAcceptable(s: string): boolean;
    }

    var lettersRegexp = /^[A-Za-z]+$/;
    var numberRegexp = /^[0-9]+$/;

    export class LettersOnlyValidator implements StringValidator {
        isAcceptable(s: string) {
            return lettersRegexp.test(s);
        }
    }

    export class ZipCodeValidator implements StringValidator {
        isAcceptable(s: string) {
            return s.length === 5 && numberRegexp.test(s);
        }
    }
}
```

Bei der Benutzung wird nun den Typen der Name des Moduls vorangestellt, hier also der Name *Validation* (Zeilen 4-6):

```
1   // Beispiel
2   var strings = ['Hallo', '12683', '23'];
3   // Benutzte Validatoren
4   var validators: { [s: string]: Validation.StringValidator; } = {};
5   validators['ZIP code'] = new Validation.ZipCodeValidator();
6   validators['Letters only'] = new Validation.LettersOnlyValidator();
7   // Auswertung
8   strings.forEach(s => {
9       for (var name in validators) {
10          console.log('"' + s + '" ' + (validators[name].isAcceptable(s) ? '\
11  passt ' : ' passt nicht ') + name);
12      }
13  });
```

Module über Dateigrenzen

Module sind vor allem dann sinnvoll, wenn Teile auf verschiedene Dateien aufgeteilt werden. Die Trennung von Typen auf Dateiebene ist in Java oder C# generell üblich. In JavaScript ist es etwas komplexer. Hier müssen die Typen wieder mittels Bundling-Techniken zusammengeführt werden. Module erleichtern die Organisation und Steuerung.

Listing: Modul mit Schnittstelle (modules/val/validation.ts)

```
1   namespace Validation {
2       export interface StringValidator {
3           isAcceptable(s: string): boolean;
4       }
5   }
```

Listing: Modul mit Klasse (modules/val/lettersonlyvalidator.ts)

```
1   /// <reference path="validation.ts" />
2   namespace Validation {
3       var lettersRegexp = /^[A-Za-z]+$/;
4       export class LettersOnlyValidator implements StringValidator {
5           isAcceptable(s: string) {
6               return lettersRegexp.test(s);
7           }
8       }
9   }
```

 ## ///-Direktiven

Beachten Sie, dass die erste Zeile mit dem Tag
<reference> dazu dient, TypeScript auf die refe-
renzierte Datei hinzuweisen. Dies sind sogenannte
Triple-Slash-Direktiven. Mehr dazu im Anhang zum
Buch.

Listing: Eine weitere Klasse (modules/val/zipcodevalidator.ts)

```
1   /// <reference path="Validation.ts" />
2   namespace Validation {
3       var numberRegexp = /^[0-9]+$/;
4       export class ZipCodeValidator implements StringValidator {
5           isAcceptable(s: string) {
6               return s.length === 5 && numberRegexp.test(s);
7           }
8       }
9   }
```

Der letzte Baustein ist die Nutzung der vorher definierten Module:

Listing: Nutzung der Module (modules/val/test.ts)

```
1   /// <reference path="validation.ts" />
2   /// <reference path="lettersonlyvalidator.ts" />
3   /// <reference path="zipcodevalidator.ts" />
4
5   // Testdaten
6   var strings = ['Hello', '98052', '101'];
7   // Validatoren
8   var validators: { [s: string]: Validation.StringValidator; } = {};
9   validators['ZIP code'] = new Validation.ZipCodeValidator();
10  validators['Letters only'] = new Validation.LettersOnlyValidator();
11  // Auswertung
12  strings.forEach(s => {
13      for (var name in validators) {
14          console.log('"' + s + '" ' + (validators[name].isAcceptable(s) ? '\
15  passt ' : ' passt nicht ') + name);
16      }
17  });
```

Aus diesen Dateien entstehen ebenso viele JavaScript-Kompilate.
Stellen Sie sicher, dass diese alle eingebunden werden. Wenn Sie
TypeScript auf der Kommandozeile benutzen, können Sie den
Transpiler anweisen, dies sofort zu erledigen. Dazu dient der Schal-
ter *–out file.js***, wobei **file.js* der Name der Zieldatei ist.

3.2 Externe Module

Externe Module sind ein Konzept, das in JavaScript derzeit nur in
zwei speziellen Umgebungen benutzt wird: NodeJS (serverseitig)
und RequireJS (clientseitig). Beide nutzen ein Exportverfahren, um
Module gezielt bereitzustellen und überdies auch Instanzen der
Modulklassen zu erstellen, soweit dies vom Entwickler des Moduls
gewünscht wird. Wenn Sie nur im Browser entwickeln, dann sind
externe Module weniger wichtig. Externe Module werden normalerweise bei Bedarf nachgeladen, was im Browser nicht immer
gewünscht ist. Die Entscheidung, ob dynamisch Dateien vom Server nachgeladen werden, hängt auch von der Infrastruktur, dem

Nutzungsszenario, Sicherheitsüberlegungen und dem erwarteten Nutzerverhalten ab.

Export von Modulen

In TypeScript ist jede alleinstehende Datei, die ein export auf oberster Ebene enthält, automatisch ein externes Modul. Das zuletzt gezeigte Beispiel sieht bei diesem Verfahren nun folgendermaßen aus:

Listing: Die Schnittstelle (modules/val/stringvalidator.ts)

```
1  export interface StringValidator {
2      isAcceptable(s: string): boolean;
3  }
```

Listing: Nutzung des Moduls (modules/val/lettersonlyvalidator2.ts)

```
1  import * as validation from './stringvalidator';
2
3  var lettersRegexp = /^[A-Za-z]+$/;
4  export class LettersOnlyValidator implements validation.StringValidator {
5      isAcceptable(s: string) {
6          return lettersRegexp.test(s);
7      }
8  }
```

Listing: Nutzung des Moduls (modules/val/zipcodevalidator2.ts)

```
1  import * as validation from './stringvalidator';
2
3  var numberRegexp = /^[0-9]+$/;
4  export class ZipCodeValidator implements validation.StringValidator {
5      isAcceptable(s: string) {
6          return s.length === 5 && numberRegexp.test(s);
7      }
8  }
```

Dies ist eine mögliche Methode zum Import, die hier gezeigt wurde. Weitere sind möglich.

Import von Modulen

Der Import nutzt das bereits gezeigte Schlüsselwort import:

Listing: Nutzung des Moduls (modules/val/testimport.ts)

```
1   import * as validation from './stringvalidator';
2   import * as zip  from './zipcodevalidator2';
3   import * as letters from './lettersonlyvalidator2';
4
5   // Beispiel
6   var strings = ['Hello', '98052', '101'];
7   // Validatoren
8   var validators: { [s: string]: validation.StringValidator; } = {};
9   validators['ZIP code'] = new zip.ZipCodeValidator();
10  validators['Letters only'] = new letters.LettersOnlyValidator();
11  // Anzeige
12  strings.forEach(s => {
13      for (var name in validators) {
14          console.log('"' + s + '" ' +
15                  (validators[name].isAcceptable(s) ? ' passt ' : ' pass\
16  t nicht ')
17                  + name);
18      }
19  });
```

Der Unterschied liegt in der Art der Referenzierung. Dies erfolgt mit dem Schlüsselwort import und der Namensraum wird explizit festgelegt, sodass sich keine Konflikte ergeben können.

```
import * as someMod from 'someModule';
```

Damit das funktioniert, muss der Transpiler den Export passend für die Plattform erzeugen:

- *−module commonjs*: Für NodeJS (serverseitig) oder SystemJS (clientseitig, Browser)
- *−module amd*: Für RequireJS u.ä. (clientseitig, Browser)

Die plattformspezifischen Techniken sind dann dafür verantwortlich, die Dateien, die die Module enthalten zu laden und zu verarbeiten. RequireJS ist ein Beispiel, es gibt viele andere Loader (u.a. SystemJS), die ähnliche Verfahren nutzen, sich aber möglicherweise in der Aufrufsyntax unterscheiden. Der Dokumentation kann man dann entnehmen, wie der TypeScript-Transpiler zu konfigurieren ist, damit das passende Modulformat erzeugt wird. Was für Code im Beispiel erzeugt wird, zeigt folgendes Listing. Zuerst ein einfaches Modul:

```
import * as m from 'mod';
export var t = m.something + 1;
```

Für RequireJS sieht es folgendermaßen aus:

```
define(["require", "exports", 'mod'], function(require, exports, m) {
    exports.t = m.something + 1;
});
```

Für NodeJS sieht es dagegen folgendermaßen aus (der Befehl require steht in NodeJS nativ zur Verfügung):

```
var m = require('mod');
exports.t = m.something + 1;
```

Sollen Instanzen oder statische Klassen aus dem Modul gezielt bereitgestellt werden, so wird der Aufruf export = Typ am Ende des Moduls benutzt:

Listing: Modul StringValidator (modules/simple/validation.ts)

```
1  export interface StringValidator {
2      isAcceptable(s: string): boolean;
3  }
```

Listing: Modul LettersOnlyValidator (modules/simple/lettersonlyvalidator.ts)

```
1  import * as validation from './validation';
2
3  var lettersRegexp = /^[A-Za-z]+$/;
4  class LettersOnlyValidator implements validation.StringValidator {
5      isAcceptable(s: string) {
6          return lettersRegexp.test(s);
7      }
8  }
9  export = LettersOnlyValidator;
```

Listing: Modul ZipCodeValidator (modules/simple/zipcodevalidator.ts)

```
1  import * as validation from './validation';
2
3  var numberRegexp = /^[0-9]+$/;
4  class ZipCodeValidator implements validation.StringValidator {
5      isAcceptable(s: string) {
6          return s.length === 5 && numberRegexp.test(s);
7      }
8  }
9  export = ZipCodeValidator;
```

Listing: Modul nutzen (modules/simple/test.ts)

```
1  import * as validation from './validation';
2  import zipcodevalidator from './zipcodevalidator';
3  import lettersonlyvalidator from './lettersonlyvalidator';
4
5  // Beispieldaten
6  var strings = ['Hallo', '12683', '23'];
7  // Validatoren
8  var validators: { [s: string]: validation.StringValidator; } = {};
9  validators['ZIP code'] = new zipcodevalidator();
10 validators['Letters only'] = new lettersonlyvalidator();
11 // Auswertung
12 strings.forEach(s => {
13     for (var name in validators) {
14         console.log('"' + s + '" ' + (validators[name].isAcceptable(s) ? '\
15 passt ' : ' passt nicht ') + name);
16     }
17 });
```

Weitere Import-Varianten

Ein einfacher Import (ein Modul aus einem Namensraum), sieht folgendermaßen aus:

```
import { ZipCodeValidator } from "./zipcodevalidator";

let myValidator = new ZipCodeValidator();
```

Hier wird der exportierte Name übernommen. Innerhalb der Klammern kann eine Liste von Typen genannt werden – durch Komma getrennt – die gleichzeitig importiert werden sollen, wenn das exportierende Modul mehrere export-Befehle enthält.

Ein guter Trick besteht darin, über viele Stufen erfolgende Exporte und Importe zusammenzufassen. Angenommen, Sie haben in einem Ordner vier Komponenten:

- *HomeComponent.ts*
- *Dashboard.ts*
- *CustomerGrid.ts*
- *Statistics.ts*

Jede Datei enthält eine Klasse, die exportiert wird. Dann können Sie einen Re-Export schreiben und in einer Datei mit dem Namen *index.ts* ablegen:

```
export * from './HomeComponent.ts';
export * from './Dashboard.ts';
export * from './CustomerGrid.ts';
export * from './Statistics.ts';
```

Der Import nutzt dann diese Datei (wenn die anderen *ts*-Dateien in *components* liegen):

```
import { HomeComponent, Dashboard,
        CustomerGrid, Statistics } from "./components/index";
```

Die Varianten mit Umbenennung geht hier auch:

```
import * as cmp from "./components/index";

let c: cmp.HomeComponent = null;
```

Alias beim Import

Der Import eines Moduls kann auch benutzt werden, um lange Namen bei häufiger Nutzung abzukürzen. Beim Import wird dem Modul ein neuer Name gegeben. Verwechseln Sie dies nicht mit der Benennung einer Instanz eines importierten Moduls bei der Benutzung von `require`. Alias-Namen sind lediglich Ersatznamen für ohnehin vorhandene Namen.

Schauen Sie sich zuerst folgende verschachtelte Modul-Definition an:

```
1   module Shapes {
2       export module Polygons {
3           export class Triangle { }
4           export class Square { }
5       }
6   }
```

Der Zugriff ist nun über *Shapes.Polygons.Triangle* usw. möglich, wobei die Zeichenfolge *Shapes.Polygons* als Namensraum betrachtet wird. Der Zugriff darauf kann nun folgendermaßen abgekürzt werden:

```
1   import poly = Shapes.Polygons;
2   var tr = new poly.Triangle();
```

Da es sich nicht um einen Modul-Import, sondern nur um einen Namensimport handelt, ist das Schlüsselwort `require` nicht erforderlich. `import` verhält sich hier im Grunde wie `var`. Beim Zugriff wird der Export geladen. Das kann eine Instanz sein. Das führt dazu, dass Veränderungen an der Variablen sich nicht auf das Original auswirken. So würde ein `poly = null` im zuvor gezeigten Beispiel nicht dazu führen, das `Shapes.Polygons` auf `null` gesetzt wird.

In der `import .. from`-Form, die Sie bereits kennen, geht das auch:

```
1  import { ZipCodeValidator as ZCV } from "./zipcodevalidator";
2  let myValidator = new ZCV();
```

3.3 Optionales Laden von Modulen

Manchmal ist es sinnvoll, dass Sie Module nur bei Bedarf laden. Durch die begrenzten Ressourcen in Skript-Umgebungen sollten Sie solche Überlegungen immer anstellen. Betrachten Sie hier auch die Infrastruktur, in der die Anwendung läuft. Das Nachladen benutzter Module muss nicht zwingend die bessere Option sein gegenüber dem Laden unbenutzter Module sein.

Einen Teil erledigt der Transpiler automatisch. Module können zwei Arten von Code enthalten. Zum einen natürlich TypeScript, das direkt in JavaScript-Code überführt wird. Dieser Teil wird normal geladen und verarbeitet. Es gibt aber auch einige Teile, die lediglich Typ-Informationen liefern. Diese Module müssen im JavaScript nicht mehr geladen werden. Sie stützen nur den TypeScript-Compiler. Reine Schnittstellen beispielsweise werden schlicht in "nichts" übersetzt.

Das folgende Beispiel zeigt, wie ein Modul dynamisch geladen werden kann. Das erste Skript ist für NodeJS, das zweite hingegen für RequireJS. Die Variable *needZipValidation* ist ein boolescher Wert, der andernorts gesetzt werden muss.

```
1   declare var require;
2   import Zip = require('./zipcodevalidator');
3   if (needZipValidation) {
4       var x: typeof Zip = require('./zipcodevalidator');
5       if (x.isAcceptable('.....')) { /* ... */ }
6   }
```

```
1   declare var require;
2   import Zip = require('./zipcodevalidator');
3   if (needZipValidation) {
4       require(['./zipcodevalidator'], (x: typeof Zip) => {
5           if (x.isAcceptable('...')) { /* ... */ }
6       });
7   }
```

Der Trick besteht in der Verwendung von typeof. Damit wird der Typ des importierten Moduls abgefragt.

 Plattformspezifisches Laden ist eigentlich keine gute Idee. Betrachten Sie das Beispiel nur als Ergänzung zum Lernen und nicht als Anleitung zum Nachbauen.

Ambiente Deklarationen

Noch etwas Neues ist hier benutzt worden: das Schlüsselwort declare. Dies dient dazu, Variablen zu deklarieren, die andernorts erzeugt werden, für die aber keine Definition vorliegt. Klingt eigenwillig, wird aber klar wenn Sie sich vorstellen, dass Teile des Codes auf purem JavaScript basieren und dort eben nichts existiert, was dem Transpiler Hinweise auf die Existenz gibt. Er wird also möglicherweise hier einen Fehler melden.

Der Typ, der hier angenommen wird, ist immer any, weil aus der Benutzung der genaue Typ meist nicht abgeleitet werden kann.

Als Faustregel gilt: Benutzen Sie declare nur dann, wenn Sie mit reinem JavaScript-Code arbeiten, beispielsweise aus Bibliotheken.

Einbinden von JavaScript-Bibliotheken

Viele Bibliotheken stehen nicht in TypeScript zur Verfügung. Sie können dennoch direkt eingebunden werden. Die meisten JavaScript-Bibliotheken exportieren lediglich einige wenige globale Objekte. Um die Typbeschreibungen für solche JavaScript-Bibliotheken in TypeScript bekannt zu machen, werden separate Module eingesetzt. Typischerweise werden dafür dann Dateinamen der Art *.d.ts* benutzt. Es handelt sich praktisch um Schnittstellenbeschreibungen ohne aktiven Code.

 Der Namensteil *.d.ts* ist ein Marker für den Transpiler. Sie können reguläre TypeScript-Dateien so nicht benennen. Der Transpiler erwartet hier zwingend eine Typdeklaration. Kennzeichen ist der Namensbestandteil ".d.".

Derartige Module werden auch auch *ambient* bezeichnet.

Ambiente interne Module

Eine sehr populäre Grafikbibliothek ist D3[1]. Sie steht nicht in TypeScript zur Verfügung. Um Sie nicht nur nutzen, sondern auch die Vorteile des TypeScript-Compilers genießen zu können, ist eine Moduldefinition sinnvoll. Die Bibliothek selbst wird wie üblich über ein <script>-Tag oder via Bundler eingebunden. Für die Nutzung wird nun ein Modul erstellt. Das folgende Skript deutet dies lediglich an, die gesamte Schnittstellenbeschreibung für D3 ist weitaus umfangreicher.

---

[1] https://d3js.org/

```
 1   declare module D3 {
 2       export interface Selectors {
 3           select: {
 4               (selector: string): Selection;
 5               (element: EventTarget): Selection;
 6           };
 7       }
 8
 9       export interface Event {
10           x: number;
11           y: number;
12       }
13
14       export interface Base extends Selectors {
15           event: Event;
16       }
17   }
18
19   declare var d3: D3.Base;
```

 Sie finden das bereits fertig auf **npm** unter *@types/d3*.
So wie für viele andere Typ-Bibliotheken auch küm-
mert sich das TypeScript-Team um die Bereitstellung.
Mehr dazu bietet der Abschnitt Type-Deklarationen.

Ambiente externe Module

Speziell in Umgebungen wie NodeJS ist das modulare Nachladen
von Funktionen die normale Vorgehensweise. Auch diese Module
stehen selten als natives TypeScript zur Verfügung. Definitionen für
den TypeScript-Compiler werden wieder in *.d.ts*-Dateien erstellt.
Es ist freilich sinnvoll, hier nicht eine Datei pro Modul zu erstellen,
sondern alle Module in einer Modulbeschreibungsdatei zusammenzufassen.

Diese zentrale Datei könnte den Namen *node.d.ts* haben. Hier ein
Ausschnitt am Beispiel der Module "url" und "path":

```
1   declare module "url" {
2     export interface Url {
3       protocol?: string;
4       hostname?: string;
5       pathname?: string;
6     }
7
8     export function parse(urlStr: string,
9                           parseQueryString?,
10                          slashesDenoteHost?): Url;
11  }
12
13  declare module "path" {
14    export function normalize(p: string): string;
15    export function join(...paths: any[]): string;
16    export var sep: string;
17  }
```

Die Referenzierung erfolgt beispielsweise mittels einer Direktive:
`/// <reference path="node.d.ts" />`. Das Laden des Moduls erfolgt wie sonst in Node üblich wieder mit `require`:

`import url = require('url');`

Das vollständige Skript auf einen Blick sieht nun folgendermaßen aus:

```
1   ///<reference path="node.d.ts"/>
2   import url = require("url");
3   var myUrl = url.parse("http://www.typescriptlang.org");
```

Standard-Export

Mit `default` kann ein Standardexport im Modul erklärt werden:

Listing: module/jquery/JQuery.d.ts

```
1   declare let $: JQuery;
2   export default $;
```

Listing: module/jquery/App.ts

```
1   import $ from "./JQuery";
2   $("button.continue").html("Weiter...");
```

Sie können nur einen Standard-Export pro Datei haben. Sie importieren diesen wie gezeigt *ohne* die geschweiften Klammern. Der Name, der im Import genutzt wird, hat keinen Bezug zum Export.

```
1   import MyClassAlias from "./MyClass";
```

Das heißt, der Export erfolgt irgendwie und der Import verpasst dem Typ einen anderen (oder denselben) Namen.

Werte-Export

Auch einfache Werte können exportiert werden:

Listing: module/value/export.ts

```
1   export default "123";
```

Listing: module/value/import.ts

```
1   import num from "./export";
2   console.log(num);
```

Die Ausgabe ist hier: "123". Auch hier wurde dem Wert *123* der neue Name *num* gegeben.

3.4 Typische Probleme mit Modulen

In diesem Abschnitt wird auf einige typische Probleme mit Modulen eingegangen.

Falsche Referenzierung

Häufig wird die Referenzierung mit `/// <reference>` vorgenommen, statt mit `import`. Dazu sollten Sie sich nochmal alle drei Ladeverfahren ins Gedächtnis rufen:

1. Laden einer *.ts*-Datei mit `import x = require(...);`. Die Datei sollte entsprechende Import- und Export-Deklarationen und die Implementierung enthalten.
2. Laden einer *.d.ts*-Datei, was mit dem Weg in 1. vergleichbar ist, nur dass hier die Implementierung fehlt (weil sie direkt als JavaScript vorliegt).
3. Eine externe Modul-Deklaration wird benutzt.

Eine externe Modul-Deklaration nutzt `declare` mit dem Modulnamen in Anführungszeichen.

```
1  declare module "SomeModule" {
2    export function fn(): string;
3  }
```

Die Referenzierung mit `/// <reference>` sieht dagegen folgendermaßen aus:

```
1  /// <reference path="myModules.d.ts" />
```

Das Tag zeigt auf die Deklaration des Moduls.

Nutzlose Namensräume

Wenn Sie ein Programm von internen auf externe Module umstellen, nutzen Sie möglicherweise folgende Deklaration:

```
1    export module Shapes {
2        export class Triangle { /* ... */ }
3        export class Square { /* ... */ }
4    }
```

Das ist kritisch, weil *Shapes* hier die inneren Klassen kapselt und
es dafür keinen Grund gibt. Benutzer des Moduls müssen einen
weiteren Namensraum einfügen, ohne dass dies besonders sinnvoll
wäre:

```
1    import shapes = require('./Shapes');
2    var t = new shapes.Shapes.Triangle();
```

Hier ist die Nennung *shapes.Shapes* irritierend.

Eine Kernfunktion externer Module ist die Kapselung des Namens-
raums. Zwei externe Module liefern niemals Namen in denselben
Sichtbereich. Beim Import entscheidet der Benutzer des Moduls
selbst, unter welchem Namen er es nutzt. Damit ist es nicht notwendig, die Kapselung in einem weiteren Namensraum selbst
vorzunehmen.

Namensräume dienen dazu, logische Konstrukte zu gruppieren und
damit Namenskollisionen zu vermeiden. Ein externes Modul ist
ein solches logisches Konstrukt. Die Bildung eines Namens für
die Gruppe erfolgt beim Import. Damit ist der Vorgang in sich
abgeschlossen.

Hier nun ein besseres Beispiel für ein Modulkonzept. Zuerst werden
die Exportfunktionen gezeigt:

```
1    export class Triangle { /* ... */ }
2    export class Square { /* ... */ }
```

Die beiden Dateien liegen, hier angenommen, in einem Ordner mit
dem Namen *shapes*. Der Import sieht dann folgendermaßen aus:

```
1  import shapes = require('./shapes');
2  var t = new shapes.Triangle();
```

Nachteile externer Module

Module und JavaScript-Dateien bilden eine 1:1-Beziehung. Das ändert sich durch TypeScript nicht. Beim Übersetzen werden externe Module nicht zu einer Datei zusammengefasst, auch wenn die Verbindungsoption *–out* des Transpilers benutzt wird.

3.5 Typdefinitionen

Die Verarbeitung der Typdefinitionen ist eine reine Entwicklerunterstützung und hat im Browser nichts zu suchen. Es handelt sich hier also lediglich um Bausteine, die in der NodeJs-basierten Erstellungsumgebung zum Tragen kommen. Die betroffenen Bibliotheken selbst können aber sehr wohl browserbasierte Anwendungen antreiben.

Fertige ambiente Bibliotheken

Für viele wichtige JavaScript-Bibliotheken liegen inzwischen fertige Moduldeklaration in TypeScript vor, unter anderem für das bereits erwähnte D3. Das Projekt nennt sich 'definitely typed' und ist über Github beziehbar. Die Homepage zum Projekt ist:

- *http://definitelytyped.org/*

Die (sehr lange) Liste der aktuell unterstützen Bibliotheken finden Sie hier:

- *https://github.com/DefinitelyTyped/DefinitelyTyped*

Das Verwalten vieler Bibliotheken ist schon eine Herausforderung. Bibliotheken, die zwingend auf TypeScript angewiesen sind, wie beispielsweise Angular, sind fast immer über **npm** verfügbar.

Der TypeScript Definition Manager (veraltet)

Dieser Abschnitt ist veraltet und soll darauf hinweisen, entsprechende Quellen im Internet korrekt zu interpretieren.

Kommen Typdefinitionen zum Projekt hinzu, wäre eine Abtrennung der Verwaltung sinnvoll. Dies erledigt das Programm *Typings* – der TypeScript Definition Manager. Installieren Sie in Ihrer Entwicklungsumgebung zuerst *Typings*:

```
npm install typings --global
```

Dies ist ein NodeJS-basiertes Kommandozeilenwerkzeug (cli = command line interface). Es erlaubt einige Kommandos:

- `typings search tape`: Suche nach einer Definition (hier: tape).
- `typings search --name react`: Suche nach einem Definitionsnamen.
- `typings install debug --save`: Installation einer Typdeklaration (hier für eine Bibliothek mit dem Namen *debug*). Die Quelle ist hier *npm*, was über die Eigenschaft `defaultSource` in der Konfigurationsdatei `.typingsrc` bestimmt werden kann.
- `typings install dt~mocha --global --save`: *–global* macht die Definition global verfügbar. Der Präfix *dt~* bestimmt, dass die Definition direkt von "Definitely Types* auf Github geholt wird. Die Syntax ist *<quelle>~<name>*. Alternativ kann die Quelle auch als Schalter angegeben werden: *–source npm*. Dies dürfte der häufigste Fall sein. Soll ein bestimmtes Release geladen werden, wird der ganze Pfad von Github benötigt:

```
typings install d3=github:DefinitelyTyped/DefinitelyTyped/d3/d3.d.ts#1c058\
72e7811235f43780b8b596bfd26fe8e7760 --global --save
```

- `typings info env~node --versions:` Dies ist die Suche für eine bestimmte Umgebung (hier: NodeJs).
- `typings install env~node@0.10 --global --save:` Dito, aber für eine bestimmte Version von NodeJs (hier: 0.10).

Die Quellen *npm* und *dt* sind nur einige Möglichkeiten, manche Typdefinitionen sind auch auf *bitbucket* oder anderen Quellen. Ziehen Sie unbedingt die Dokumentation der jeweiligen Bibliothek zu Rate. Typdeklarationen enthalten in der Regel nur Schnittstellen und Export-Anweisungen. Die geladenen Definitionen werden in *typings.json* verwaltet und in einem Ordner *typings* abgelegt.

Typings

Typings ist weit verbreitet, aber mit TypeScript 2.0 sind die Definitionen nach **npm** gewandert und stehen nun als Module im Baum *@types* zu Verfügung. Sie finden Informationen dazu im nächsten Abschnitt.

3.6 Typ-Deklarationsdateien mit @types (neu)

Deklarationsdateien haben das Format *.d.ts*. Dies gilt, egal ob es sich um solche mit "Definitely Typed" beschaffte oder selbst erstellte handelt.

Der Vorteil der **npm**-Version besteht in der Minimierung von Abhängigkeiten. Da **npm** keine Ordner kennt, werden alle Typdefinitionen mit dem Präfix */@types* versehen. Der Schrägstrich sorgt beim Laden dafür, dass daraus in *node_modules* ein eigener Ordner mit diesem Namen entsteht. Mit **npm** beschaffen Sie die Dateien wie folgt (hier am Beispiel lodash[2]).

```
npm install @types/lodash --save
```

Importieren Sie dann die Deklarationen in Ihr Skript:

```
import * as _ from "lodash";
```

Der Name, der hier benutzt wird, ist "_".

Sie können Pakete über folgende Site suchen:

- *http://microsoft.github.io/TypeSearch/*

Das Ergebnis führt zu **npm**.

 Das beschriebene Verfahren via **npm** ist neuer als *Typings* und sollte ab TypeScript 2.0 ausschließlich benutzt werden.

---

[2]https://lodash.com/

4. Weitere Sprachmerkmale

In diesem Kapitel werden erweiterte Sprachmerkmale und spezielle Techniken gezeigt, die in größeren Applikationen hilfreich sind.

4.1 Funktionen

Funktionen sind ein fundamentaler Sprachbaustein in JavaScript. Mit Funktionen werden Blöcke, Sichtbereiche, Namensräume Klassen und Module erstellt. In TypeScript gibt es einige weitere Schlüsselwörter, um Konstrukte eleganter abzubilden. Funktionen bilden jedoch auch hier einen fundamentalen Sprachbaustein.

Anonyme und benannte Funktionen

Funktionen können benannt oder anonym sein. Dies sieht im Code folgendermaßen aus:

```
1  // Benannte Funktion
2  function add(x, y) {
3      return x + y;
4  }
5
6  // Anonyme Funktion
7  var myAdd = function(x, y) {
8      return x + y;
9  };
```

Wie in JavaScript kann auf Variablen außerhalb der Funktion zugegriffen werden. Das Festhalten der bei der Deklaration benutzten

Variablen (dies nennt man Closure oder Funktionsabschluss) ist ein weiteres wichtiges Sprachmerkmal.

```
1  var z = 100;
2
3  function addToZ(x, y) {
4      return x + y + z;
5  }
```

Parametertypen

Die Parameter einer Funktion können Typen haben. Das vorherige Beispiel würde in TypeScript besser folgendermaßen geschrieben werden:

```
1  function add(x: number, y: number): number {
2      return x+y;
3  }
4
5  var myAdd = function(x: number, y: number): number {
6      return x+y;
7  };
```

Die Typen werden sowohl für die Parameter als auch für den Rückgabewert der Funktion geschrieben. Der Rückgabewert ist optional, der TypeScript-Transpiler kann diese Information auch selbst aus dem return-Befehl extrahieren.

 Implizite Angaben sind schwer lesbar und das Verhalten könnte sich in künftigen Versionen ändern. Nutzen Sie explizite Angaben, wo immer dies möglich ist.

Der Funktionstyp

Mit der typisierten Funktion kann nun der Funktionstyp eingeführt werden, der die Funktion selbst repräsentiert.

```
1  var myAdd: (x:number, y:number) => number =
2    function(x: number, y: number): number {
3      return x+y;
4    };
```

Der Funktionstyp hat zwei Teile. Es werden zuerst die Typen der Argumente angegeben und dann nach dem =>-Operator (Lambda-Operator, gesprochen "ergibt sich zu") der Typ des Rückgabewertes. Bei kompletten Funktionstypangaben sind beide Teile notwendig. Die Namensangabe für die Parameter ist lediglich beschreibender Natur, der Name selbst wird nicht ausgewertet. Folgende Schreibweise wäre ebenso zulässig:

```
1  var myAdd: (baseValue:number, increment:number) => number =
2    function(x: number, y: number): number {
3      return x+y;
4    };
```

Die Parameteranzahl und die Typen der Parameter müssen passen, die Namen dienen nur der Dokumentation. Der Rückgabetyp muss angegeben werden. Hat die Funktion keine Rückgabe, ist die Angabe void erforderlich. Variablen, die im Funktionsabschluss bei der Deklaration gefangen werden, sind nicht Teil des Typs (wohl aber der Funktion). Sie verbleiben quasi als versteckter Teil der Funktion.

4.2 Ableiten von Typen

Der Transpiler kann Typen aus den Rückgabe-Befehlen ableiten. Dies sieht dann folgendermaßen aus:

```
1   var myAdd = function(x: number, y: number): number {
2     return x+y;
3   };
4
5   var myAdd: (baseValue:number, increment:number) => number =
6     function(x, y) {
7       return x+y;
8     };
```

Hier fehlen die Deklarationen bei der eigentlichen Funktion. Dies
führt zum selben Code wie im vorherigen Beispiel und soll vor
allem unnötige Tipparbeit sparen.

Optionale und Standard-Parameter

Parameter sind bei TypeScript bindend. Der lose Umgang damit
ist, wie bei JavaScript üblich, hier nicht erlaubt. Es dürfen weder
weniger noch zu viele Parameter benutzt werden. Schauen Sie sich
folgende Deklaration an:

```
1   function buildName(firstName: string, lastName: string) {
2       return firstName + " " + lastName;
3   }
```

Der Aufruf gelingt nur mit dem dritten der drei folgenden Versuche:

```
1   var result1 = buildName("Bob");  // zu wenig
2   var result2 = buildName("Bob", "Adams", "Sr.");  // zu viel
3   var result3 = buildName("Bob", "Adams");  // passt
```

Um nun dennoch optionale Parameter zu ermöglichen – wie es in
JavaScript Standard ist – wird ein weiterer Operator eingeführt: ?.

```
1   function buildName(firstName: string, lastName?: string) {
2       if (lastName)
3           return firstName + " " + lastName;
4       else
5           return firstName;
6   }
```

Der erste Aufruf ist nun erlaubt, weil der zweite Parameter optional ist:

```
1   var result1 = buildName("Bob");  // passt
2   var result2 = buildName("Bob", "Adams", "Sr.");  // zu viel
3   var result3 = buildName("Bob", "Adams");  // passt auch
```

Optionale Parameter stehen immer am Ende. Gegebenenfalls muss die Reihenfolge geändert werden. Wird ein optionaler Parameter nicht geliefert, ist der Wert undefined. Sie können hier in der Deklaration aber auch einen Standardwert angeben, der stattdessen benutzt wird:

```
1   function buildName(firstName: string, lastName = "Smith") {
2       return firstName + " " + lastName;
3   }
4
5   var result1 = buildName("Bob");  // passt
6   var result2 = buildName("Bob", "Adams", "Sr.");  // zu viel
7   var result3 = buildName("Bob", "Adams");  // passt auch
```

An der Position ändert sich nichts, auch Parameter mit Standardwerten müssen am Ende der Signatur stehen. Bei den Typen ändert der Standardwert auch nichts. Auch wenn im letzten Beispiel die Angabe "Smith" den Typ string ersetzt, wird der TypeScript-Transpiler den Typ dennoch daraus ableiten und korrekt festlegen.

4.3 Weitere Parameterketten

Normalerweise sind Parameter klar definiert. Die direkte Zuordnung kann lästig sein, wenn es viele Aufrufvarianten geben soll. In

JavaScript ist dies immer einfach möglich, weil die Parameter in der
arguments-Aufzählung landen. In TypeScript ist dafür ein separater
Operator erforderlich: ... (Rest-Operator genannt).

```
1   function buildName(firstName: string, ...restOfName: string[]) {
2       return firstName + " " + restOfName.join(" ");
3   }
4
5   var employeeName = buildName("Joseph", "Samuel", "Lucas", "MacKinzie");
```

Der Typ ist ein Array, das optional ist. Die Typen der Elemente im
Array werden wie üblich festlegt, müssen also gleichartig sein. Der
Einsatz ist auch beim Aufruf mit einer Typdeklaration möglich:

```
1   function buildName(firstName: string, ...restOfName: string[]) {
2       return firstName + " " + restOfName.join(" ");
3   }
4
5   var buildNameFun: (fname: string, ...rest: string[])
6       => fName + " " + rest.join(" ");
```

Auch hier muss der Parametername im Funktionstyp nicht mit dem
Parameternamen in der Funktion selbst übereinstimmen. Position
und Typgleichheit reichen aus.

4.4 Lambdas und 'this'

Die Benutzung von this ist in JavaScript sehr speziell und unter
Entwicklern immer wieder ein heiß diskutiertes Thema. Da TypeScript auch gültiges JavaScript verarbeiten kann, ändert sich an
dem Umgang mit this erstmal nichts.

In JavaScript ist this ein Verweis, der beim Aufruf einer Funktion gesetzt wird. Das ist äußerst flexibel und erlaubt raffinierte
Konstrukte. So liefert this in jQuery das auslösende Objekt bei
einem Ereignis, nicht das Ereignis selbst. Das ist intuitiv für den
Benutzer des Ereignisses, aber möglicherweise unlogisch bei einer

rein technischen Sicht auf den Code. Ein Beispiel soll den Effekt zeigen:

Listing: Fehlerhaftes Beispiel (advanced/this_err.ts)

```
1   var deck = {
2     suits: ["Herz", "Pik", "Kreuz", "Karo"],
3     cards: Array(52),
4     createCardPicker: function() {
5       return function() {
6         var pickedCard = Math.floor(Math.random() * 52);
7         var pickedSuit = Math.floor(pickedCard / 13);
8         return {suit: this.suits[pickedSuit], card: pickedCard % 13};
9       }
10    }
11  }
12
13  var cardPicker = deck.createCardPicker();
14  var pickedCard = cardPicker();
15
16  console.log("Karte: " + pickedCard.card + " in " + pickedCard.suit);
```

Das Beispiel führt auf Zeile 16 zu einem Fehler. Ursache ist das this auf Zeile 8. Der indirekte Aufruf der Funktion *cardPicker()* führt dazu, das der Kontext verloren geht und die Eigenschaft *suits* nun oberhalb der gesamten Konstruktion gesucht wird, also bis hoch zu window (im Browser). Dort existiert diese Eigenschaft nicht und der Wert ist undefined. Im Strict-Modus wäre sogar window selbst undefined (damit wird sichergestellt, dass die finale Laufzeitumgebung, bei window also der Browser, im Skript nicht fest assoziiert wird).

Die Lösung besteht darin, beim Aufruf einer Funktion this explizit festzulegen. In JavaScript werden dazu Stammfunktionen auf Object benutzt, beispielsweise call oder apply. In TypeScript kann ein Lambda-Ausdruck der Art () => {} eingesetzt werden (Zeile 5):

Listing: Korrektes Beispiel (advanced/this_ok.ts)

```
 1   var deck = {
 2       suits: ["Herz", "Pik", "Kreuz", "Karo"],
 3       cards: Array(52),
 4       createCardPicker: function() {
 5           return () => {
 6               var pickedCard = Math.floor(Math.random() * 52);
 7               var pickedSuit = Math.floor(pickedCard / 13);
 8
 9               return {suit: this.suits[pickedSuit], card: pickedCard % 13};
10           }
11       }
12   }
13
14   var cardPicker = deck.createCardPicker();
15   var pickedCard = cardPicker();
16
17   console.log("Karte: " + pickedCard.card + " in " + pickedCard.suit);
```

Überladungen

JavaScript ist in jeder Beziehung dynamisch. Das gilt auch für
Rückgabewerte, die sich je nach Art des Aufrufs einer Funktion im
Typ unterscheiden können. In TypeScript wird dies durch den Typ
any ausgedrückt:

Listing: Überladungen (advanced/any.ts)

```
 1   var suits = ["Herz", "Pik", "Kreuz", "Karo"];
 2
 3   function pickCard(x): any {
 4       if (typeof x == "object") {
 5           var pickedCard = Math.floor(Math.random() * x.length);
 6           return pickedCard;
 7       }
 8       else if (typeof x == "number") {
 9           var pickedSuit = Math.floor(x / 13);
10           return { suit: suits[pickedSuit], card: x % 13 };
11       }
12   }
13
```

```
14    var myDeck = [{ suit: "Karo", card: 2 },
15                  { suit: "Pik", card: 10 },
16                  { suit: "Herz", card: 4 }];
17    var pickedCard1 = myDeck[pickCard(myDeck)];
18    console.log("Karte: " + pickedCard1.card + " in " + pickedCard1.suit);
19
20    var pickedCard2 = pickCard(15);
21    console.log("Karte: " + pickedCard2.card + " in " + pickedCard2.suit);
```

Die Funktion *pickCard* im Beispiel kann zwei verschiedene Typen zurückgeben, ja nach Art des Aufrufs. Sollen nun dennoch konkrete Typen beschrieben werden, also nicht any, ist eine weitere Technik nötig. Erreicht wird dies mit einer Liste von Überladungen.

Dies erfolgt durch abstrakte Definitionen, die keinen Funktionskörper erhalten. Es ist also nicht notwendig, die komplette Funktion mehrfach mit verschiedenen Signaturen zu beschreiben. Lediglich die Typangaben werden wiederholt. Im folgenden Beispiel stehen die Deklarationen auf Zeile 3 und 4. Ab Zeile 5 folgt die eigentliche Implementierung:

Listing: Überladungen (advanced/more.ts)

```
1     var suits = ["Herz", "Piek", "Kreuz", "Karo"];
2
3     function pickCard(x: {suit: string; card: number; }[]): number;
4     function pickCard(x: number): {suit: string; card: number; };
5     function pickCard(x): any {
6         if (typeof x == "object") {
7             var pickedCard = Math.floor(Math.random() * x.length);
8             return pickedCard;
9         }
10        else if (typeof x == "number") {
11            var pickedSuit = Math.floor(x / 13);
12            return { suit: suits[pickedSuit], card: x % 13 };
13        }
14    }
15
16    var myDeck = [{ suit: "Karo", card: 2 },
17                  { suit: "Piek", card: 10 },
18                  { suit: "Herz", card: 4 }];
19    var pickedCard1 = myDeck[pickCard(myDeck)];
```

```
20    console.log("Karte: " + pickedCard1.card + " in " + pickedCard1.suit);
21
22    var pickedCard2 = pickCard(15);
23    console.log("Karte: " + pickedCard2.card + " in " + pickedCard2.suit);
```

Nun können die Rückgabetypen flexibel festgelegt werden und es erfolgt dennoch eine Typprüfung. Bei laufendem Code erfolgt die Typprüfung durch das Abprüfen passender Signaturen in der Reihenfolge der Deklaration. Sie müssen deshalb auf die richtige Reihenfolge achten, weil ungünstige Signaturen am Anfang der Liste möglicherweise so generisch sind, dass nachfolgende niemals erreicht werden.

Die in der Funktionsdeklaration des Funktionskörpers benutzte Typangabe *function pickCard(x): any* ist dagegen nicht Teil der Überladungsliste. Der Aufruf mit dem Typ object führt zu einem Fehler.

4.5 Generische Typen

Mitglieder mit strengen Typangaben sind immer die beste Wahl. Wenn dadurch aber viel mehr Mitglieder eines Typs benötigt werden, dann hebt das den Vorteil möglicherweise auf. Generische Typen sind ein Ausweg aus dem Dilemma. Hierbei wird Struktur und Verhalten einer Komponente festgelegt, nicht jedoch der Typ. Erst bei der Benutzung wird der Typ angegeben und gilt dann so, als wäre er ursprünglich benannt worden.

Sehen Sie sich als Ausgangspunkt folgende Funktion an, deren Typ festgelegt ist:

```
1    function identity(arg: number): number {
2        return arg;
3    }
```

Soll hier auch string benutzt werden, so müssten Sie ohne generische Schreibweise den Typ mit any freigeben:

```
1   function identity(arg: any): any {
2       return arg;
3   }
```

Die generische Schreibweise nutzt dagegen einen Platzhalter für den Typ:

```
1   function identity<T>(arg: T): T {
2       return arg;
3   }
```

Der Platzhalter wird dann bei der Benutzung dynamisch durch einen konkreten Typ ersetzt. Der Sinn besteht hier darin, dass die Typen für den Parameter und den Rückgabewert der Funktion identisch sind. Bei any wäre das nicht zwingend der Fall. Welcher konkrete Typ dagegen benutzt wird, spielt hier keine Rolle.

Der Aufruf wird nun um einen Typparameter in spitzen Klammern ergänzt, der den konkreten Typ bestimmt:

```
var output = identity<string>("myString");
```

Aus diesem Aufruf kann zuverlässig abgeleitet werden, dass die Variable *output* den Typ string hat. Die Typableitung, die bereits gezeigt wurde, greift hier allerdings auch. Da der Parameter durch den Wert "myString" auf den Typ string festgelegt ist, kann der Transpiler den Rückgabetyp ableiten und ebenso auf string festlegen. Folgender Aufruf ist deshalb vollständig typsicher:

```
var output = identity("myString");
```

Empfehlenswert ist dies freilich nicht immer. Denn bei einer Änderung des Parameters ändert sich das Programmverhalten. Erneut ist dies ein Fall, wo eine explizite Deklaration eher ratsam ist und die Verkürzung der Schreibweise durch implizite Angaben später Probleme verursachen könnte.

Generische Variablen

Der Umgang mit generischen Parametern im Körper der Funktion erfordert einige Aufmerksamkeit. Denn bei der Deklaration ist die spätere Benutzung nicht beschränkt.

Stellen Sie sich folgende Funktion vor, die auf Eigenschaften des Parameters zugreift:

```
1  function loggingIdentity<T>(arg: T): T {
2      console.log(arg.length);
3      return arg;
4  }
```

Dies führt zu einem Fehler, denn der Parameter hat bei der Deklaration des generischen Typ *T*, für den length nicht definiert ist. Sollte also ein Array benutzt werden, kann dies durch eine Verfeinerung des Typs *T* erreicht werden. Die Typen der Elemente des Arrays sind dann immer noch durch den Aufrufer festlegbar.

```
1  function loggingIdentity<T>(arg: T[]): T[] {
2      console.log(arg.length);
3      return arg;
4  }
```

Der Array-Typ ist ebenso möglich:

```
1  function loggingIdentity<T>(arg: Array<T>): Array<T> {
2      console.log(arg.length);
3      return arg;
4  }
```

Weitere Einschränkungen sind möglich, wenn generische Typen benutzt werden. Dazu mehr im folgenden Abschnitt.

Generische Typdeklarationen

Generische Typen beschreiben die Benutzung von generischen Variablen näher. Der erste Schritt besteht darin, die Typdeklaration zu abstrahieren. Dies wurde für Funktionen mit allgemeinen Parametern bereits beschrieben. Hier zuerst eine vollständige generische Funktionsdeklaration:

```
1  function identity<T>(arg: T): T {
2      return arg;
3  }
4
5  var myIdentity: <T>(arg: T) => T = identity;
```

Erneut ist es möglich, den Namen zu wechseln – diesmal für den generischen Parameter:

```
1  function identity<T>(arg: T): T {
2      return arg;
3  }
4
5  var myIdentity: <U>(arg: U) => U = identity;
```

Die Signatur kann darüber hinaus auch als Objekt-Literal angegeben werden:

```
1  function identity<T>(arg: T): T {
2      return arg;
3  }
4
5  var myIdentity: {<T>(arg: T): T} = identity;
```

Die letzte Version ist die Grundlage für eine Schnittstellenbeschreibung einer generischen Schnittstelle.

Listing: Generische Schnittstelle (advanced/generic.ts)

```
1   interface GenericIdentityFn {
2       <T>(arg: T): T;
3   }
4
5   function identity<T>(arg: T): T {
6       return arg;
7   }
8
9   var myIdentity: GenericIdentityFn = identity;
```

Die folgende Abbildung zeigt den Effekt des Generic im Editor. Durch die Festlegung von *T* auf number wird der Typ auch für den Parameter und den Rückgabewert angenommen.

Abbildung: Der Editor erkennt bei der Wahl des Generic den Typ

Werden derartige Konstrukte mehrfach benutzt, hilft die Schnittstelle bei der Verbesserung der Lesbarkeit. Beim Aufruf kann der Typparameter wiederum explizit angegeben werden, sodass eine Einschränkung über die Schnittstelle stattfindet:

```
1   interface GenericIdentityFn<T> {
2       (arg: T): T;
3   }
4
5   function identity<T>(arg: T): T {
6       return arg;
7   }
8
9   var myIdentity: GenericIdentityFn<number> = identity;
```

Der generische Teil ist in die Deklaration gewandert und die nicht generische Funktion *myIdentity* wurde in ihrem Typ auf number festgelegt.

Eine ähnliche Vorgehensweise ist bei Klassen möglich.

Generische Klassen

Generische Klassen haben einen oder mehrere generische Parameter, die innerhalb der Klasse stellvertretend für konkreten Typen eingesetzt werden können:

Listing: Generische Klasse (advanced/genclass.ts)

```
1   class GenericNumber<T> {
2       zeroValue: T;
3       add: (x: T, y: T) => T;
4   }
5
6   var myGenericNumber = new GenericNumber<number>();
7   myGenericNumber.zeroValue = 0;
8   myGenericNumber.add = function(x, y) { return x + y; };
```

Auch hier profitiert in erster Linie der Editor und im zweiten Schritt natürlich der Transpiler.

```
1   class GenericNumber<T> {
2       zeroValue: T;
3       add: (x: T, y: T) => T;
4   }
5
6   var myGenericNumber = new GenericNumber<number>();
7   myGenericNumber.zeroValue = 0;
8   myGenericNumber.add = function(x, y) { return x + y; };
9
10                          add(x: number, y: number): number
11  console.log(myGenericNumber.add(3,5));
```

Abbildung: Generischer Typ liefert Typvorschläge

Auch wenn die Benutzung von numbe durch den Namen empfohlen wird, ist als konkreter Typ außer number auch string möglich – ebenso wie jeder andere Typ. Das nächste Beispiel funktioniert mit string aber nur deshalb, weil der +-Operator für diese beiden Typen definiert ist. Mit anderen Typen kommt es möglicherweise zu einer Fehlermeldung.

Listing: Generische Funktion (advanced/genfunc.ts)

```
1   class GenericNumbers<T> {
2       zeroValue: T;
3       add: (x: T, y: T) => T;
4   }
5   var stringNumeric = new GenericNumbers<string>();
6   stringNumeric.zeroValue = "zero";
7   stringNumeric.add = function(x, y) { return x + y; };
8
9   console.log(stringNumeric.add(stringNumeric.zeroValue, "test"));
```

Wie bei der Schnittstelle wird hier sichergestellt, dass alle Eigenschaften der Klasse auf denselben Typ zurückgreifen. Dies gilt jedoch nicht für beide mögliche Zustände einer Klasse – statische Typen und Instanztypen. Der generische Parameter bezieht sich nur auf den Instanztyp.

Generische Beschränkungen

Beim Umgang mit generischen Parametern kann es vorkommen, dass bestimmte Aktionen nicht möglich sind, weil der Typ nicht zu dem passt, was in der Klasse mit dem später vorliegenden Objekt angestellt wird. Wird wie bereits früher gezeigt auf eine Eigenschaft length von *T* zugegriffen, so wird dies nur funktionieren, wenn der konkrete Typ später auch length verarbeiten kann. Der folgende Code erzeugt auf Zeile 2 eine Fehler, weil length für T erstmal nicht definiert ist.

```
1   function loggingIdentity<T>(arg: T): T {
2       console.log(arg.length);
3       return arg;
4   }
```

Das Konzept generischer Typen verliert hier einiges an Attraktivität. Um dennoch einen Einsatz in solchen Fällen zu ermöglichen, ist es sinnvoll, *T* zu beschränken. Ohne Beschränkung nimmt der Transpiler hier Object an. Die Beschränkung auf einen konkreten Typ ist freilich nicht sinnvoll, sodass hier meist eine Schnittstelle zum Einsatz kommt.

Listing: Generische Funktion (advanced/genconstraint.ts)

```
1   interface Lengthwise {
2       length: number;
3   }
4
5   function loggingIdentity<T extends Lengthwise>(arg: T): T {
6       console.log(arg.length);
7       return arg;
8   }
```

Der Transpiler kann jetzt beim Zugriff auf Zeile 6 erkennen, das die zuvor definierte Schnittstelle (Zeile 1) die Eigenschaft length kennt. Beim Zugriff auf die Funktion wird geprüft, ob der benutzte Typ diese Schnittstelle erfüllt. Im folgenden Code ist dies number, sodass es zu einer Fehlermeldung kommt.

```
loggingIdentity(3);
```

Wird ein Objekt mit den passenden Eigenschaften benutzt, funktionieren alle folgenden Aufrufe:

```
loggingIdentity<{ length: number}>("Das Argument");
loggingIdentity<string>("Das Argument");
```

Der Ausdruck in Zeile 1 funktioniert, weil hier wieder das strukturelle Typsystem (Stichwort: Duck Typing) greift.

Typen in generischen Beschränkungen

Generische Beschränkungen müssen selbst nicht zwingend statisch sein, sondern können erneut generisch sein. Schauen Sie sich zuerst das folgende – fehlerhafte – Beispiel an. Es funktioniert nicht wie erwartet:

```
1  function find<T, U extends Findable<T>>(n: T, s: U) {
2    // ...
3  }
4  find (giraffe, myAnimals);
```

Es ist aber möglich, die Beschränkungen direkt auf den Parametern zu deklarieren:

```
1  function find<T>(n: T, s: Findable<T>) {
2    // ...
3  }
4  find(giraffe, myAnimals);
```

Das ist nicht exakt dasselbe. Im ersten Fall könnte der Rückgabewert vom Typ *U* sein, was beim dem zweiten Konstrukt nicht möglich ist.

Generische Typen mit Rest-Parametern

In TypeScript 3.0 wurde die Möglichkeit eingeführt, Rest-Parameter (...) zu benutzen. Der folgende Code ist nur der Lesbarkeit halber mehrzeilig, das gehört alles zusammen:

```
declare
  function
    bind<T, U extends any[], V>(f: (x: T, ...args: U) => V, x: T)
      : (...args: U) => V;
```

U erklärt hier eine Restriktion auf den Array-Typ, und ...*args* erfüllt diese Bedingung.

Generische bedingte Typen

Von Typen kann mit extends bedingt abgeleitet werden. Die elementare Syntax lautet wie folgt:

```
T extends U ? X : Y
```

Wenn der Typ *T* dem Typ *U* passend zugewiesen werden kann, dann wird der Typ *X* benutzt. Wenn die Bedingung nicht passt, wird *Y* benutzt.

Der folgende Code zeigt die Sicht des Transpilers:

```
type TypeName<T> =
  T extends string ? "string" :
    T extends number ? "number" :
      T extends boolean ? "boolean" :
        T extends undefined ? "undefined" :
          T extends Function ? "function" :
  "object";

type T0 = TypeName<string>;       // "string"
type T1 = TypeName<"a">;          // "string"
type T2 = TypeName<true>;         // "boolean"
type T3 = TypeName<() => void>;   // "function"
type T4 = TypeName<string[]>;     // "object"
```

Typ-Inferenz

Ein weiteres Schlüsselwort präzisiert die Annahme des erkannten Typs, `infer`. Um auf den Rückgabetyp einer Funktion zu schließen, wäre Folgendes möglich:

```
type ReturnType<T> = T extends (...args: any[]) => infer R ? R : any;
```

Der Vorteil liegt hier darin, dass *R* nicht deklariert werden muss, sondern abgeleitet wird. Es gibt Situationen, in denen die Deklaration schlicht nicht möglich ist. Der folgende Code könnte problematisch sein:

```
type ReturnType<T, R> = T extends (...args: any[]) => R;
```

Hier muss der Aufrufer nämlich *R* kennen. Das ist nicht immer der Fall. `infer` hilft über derartige Klippen hinweg.

 `infer` wurde bereits mit TypeScript 2.8 eingeführt.

Bedingte Vordefinierte Typen

In der zentralen Hilfsbibliothek *lib.d.ts* sind einige generische Typbeschreibungen vordefiniert, damit der Umgang mit sich ausschließenden oder ergänzenden Deklarationen einfacher wird:

- `Exclude<T, U>`: Schließe alles aus T aus, dass U zugewiesen werden könnte.
- `Extract<T, U>`: Extrahiere alle Type aus T, die auch U zugewiesen werden könnten.
- `NonNullable<T>`: Schließe `null` und `undefined` aus T aus.
- `ReturnType<T>`: Liefere den Rückgabewert einer Funktion.
- `InstanceType<T>`: Liefere den Instanztyp eines Konstruktors.

Einige Beispiele zeigen die Anwendung:

```
1   type TE = Exclude<"a" | "b" | "c" | "d", "a" | "c" | "f">;  // "b" | "d"
```

Vom Ausgangstyp *T* ist "b" und "d" nicht in *U* enthalten. "f" wird ignoriert.

```
1   type TX = Extract<"a" | "b" | "c" | "d", "a" | "c" | "f">;  // "a" | "c"
```

Ausgangstyp und Inferenztyp stimmen für "a" und "c" überein. Freilich wird man in der Praxis eher auf Skalare treffen als auf Werte:

```
1   type TE = Exclude<string | number | (() => void), Function>;  // string | \
2   number
3   type TX = Extract<string | number | (() => void), Function>;  // () => void
```

Im ersten Fall wird der Teil string und number gültig. Der zweite Fall ist schlicht void; hier passt nichts.

Der nächste Fall ist dagegen recht einfach:

```
1   type T04 = NonNullable<string | number | undefined>;
```

Hier wird der Teil string und number gültig.

Zuweisungskontrolle

Typen können mit den Modifizierern readonly und ? (optional) weiter angepasst werden. Dies führt dazu, dass bedingte generische Typen sehr komplex werden können, wenn zu den Veränderungen auch noch die Abhängigkeiten kommen. Ändert sich nur der Modifizierer, also wird beispielsweise einer normalen Eigenschaft der Modifizierer readonly hinzugefügt oder von diesem entfernt, kann dies mit den Operatoren + und - in der Deklaration erfolgen:

```
1   type MutableRequired<T> = { -readonly [P in keyof T]-?: T[P] };
2   type ReadonlyPartial<T> = { +readonly [P in keyof T]+?: T[P] };
```

Im ersten Fall wird readonly entfernt, im zweiten Fall angefügt. Der Plus-Operator ist dabei optional. Er sollte jedoch zur besseren Nachvollziehbarkeit des Codes geschrieben werden.

Der via 'lib.d.ts* eingebaute Typ Required<T> nutzt dies:

```
1   type Required<T> = { [P in keyof T]-?: T[P] };
```

Mittels des Ausdrucks -? werden alle ?-Modifizierer aus dem Typ T entfernt, nicht aber die Eigenschaften oder Methoden selbst, die derart gekennzeichnet sind.

Klassentypen in generischen Typen

Werden neue Instanzen aus generischen Typen erzeugt, dann muss auf den Konstruktor verwiesen werden. Der Konstruktor wird mit new() bezeichnet:

```
1   function create<T>(c: {new(): T; }): T {
2       return new c();
3   }
```

Der Aufruf von *c()* nutzt die Angabe hinter new() in Zeile 1, also *T*. Ein konkreteres Beispiel soll zeigen, wie das genutzt werden kann:

Listing: Generische Konstruktoren (advanced/gennew.ts)

```
1   class BeeKeeper {
2     hasMask: boolean;
3   }
4
5   class ZooKeeper {
6     nametag: string;
7   }
8
9   class Animal {
10    keeper: BeeKeeper | ZooKeeper;
11    numLegs: number;
12  }
13
14  class Bee extends Animal {
15    keeper: BeeKeeper = {
16        hasMask: false
17    };
18  }
19
20  class Lion extends Animal {
21    keeper: ZooKeeper = {
22        nametag: 'Robert'
23    };
24  }
25
26  function findKeeper<A extends Animal, K> (a: {
27            new(): A;
28            prototype: {keeper: K}}): K {
29    var animal: Animal = new a();
30    return <any>animal.keeper;
31  }
32
33  var keeperA = findKeeper(Lion);
34  console.log(keeperA.nametag);
35
36  var keeperB = findKeeper(Bee);
37  console.log(keeperB.hasMask);
```

Der generische Typ *A* wird hier für den Konstruktor benutzt. Der Rückgabewert *K* wird durch die vererbbare Eigenschaft *keeper* definiert. Die benutzten Klassen müssen das Muster nur erfüllen, ein unmittelbarer Zusammenhang besteht dagegen nicht zwingend.

Der spannende Teil ist überdies die Auswertfunktion *findKeeper*, die die Zuordnung auflöst. Der Typ des Arguments stützt sich auf zwei Aussagen:

1. Es muss eine Konstruktorfunktion existieren. Klassen haben einen Standardkonstruktor, deshalb funktioniert das hier.
2. Der prototype wird auf einen bestimmten Typ festgelegt, hier ein Objekt mit der Eigenschaft *keeper* vom Typ *K*.

Die Definition new(): A (Zeile 26) erlaubt den Aufruf mit new (Zeile 28).

Standards für generische Parameter

Standards für generische Parameter wurden neu in TypeScript 2.3 eingeführt. Sehen Sie sich dazu folgende Deklaration an:

```
1  declare function create(): Container<HTMLDivElement, HTMLDivElement[]>;
2  declare function create<T extends HTMLElement>
3                         (element: T): Container<T, T[]>;
4  declare function create<T extends HTMLElement,
5                          U extends HTMLElement>
6                         (element: T, children: U[]): Container<T, U[]>;
```

Das ist unübersichtlich und aufwändig. Mit generischen Standards geht es folgendermaßen:

```
1  declare function create<T extends HTMLElement = HTMLDivElement,
2                          U = T[]>
3          (element?: T, children?: U): Container<T, U>;
```

Beachten Sie das Gleichheitszeichen in Zeile 1 und 2. Ein Typparameter ist optional, wenn er einen Standardwert enthält. Wenn der Typ existiert, muss er eine angegebene Beschränkung erfüllen.

4.6 Mixins

Traditionelle Techniken in der objektorientierten Programmierung
waren nie die Stärke in JavaScript. Mit aller Macht diese Techniken
zu nutzen, ist auch in TypeScript nicht immer allererste Wahl. Das
Zusammenfügen von Klassen aus partiellen Klassen ist einfacher
und oft effektiver als die traditionelle Vererbung.

Diese Kombinationstechnik wird als "Mixin" bezeichnet. Solches
Mixins könnten folgendermaßen aussehen:

Listing: advanced/mixin.ts

```
function applyMixins(derivedCtor: any, baseCtors: any[]) {
    baseCtors.forEach(baseCtor => {
        Object.getOwnPropertyNames(baseCtor.prototype).forEach(name => {
            if (name !== 'constructor') {
                derivedCtor.prototype[name] = baseCtor.prototype[name];
            }
        });
    });
}

class Disposable {
    isDisposed: boolean;
    dispose() {
        this.isDisposed = true;
    }
}

class Activatable {
    isActive: boolean;
    activate() {
        this.isActive = true;
    }
    deactivate() {
        this.isActive = false;
    }
}

class SmartObject implements Disposable, Activatable {
    constructor() {
```

```
31        setInterval(() => console.log(this.isActive + " : "
32                              + this.isDisposed), 500);
33    }
34
35    interact() {
36        this.activate();
37    }
38
39    // Klasse 1
40    isDisposed: boolean = false;
41    dispose: () => void;
42    // Klasse 2
43    isActive: boolean = false;
44    activate: () => void;
45    deactivate: () => void;
46 }
47 applyMixins(SmartObject, [Disposable, Activatable])
48
49 var smartObj = new SmartObject();
50 setTimeout(() => smartObj.interact(), 1000);
```

Die ersten beiden Klassen, *Disposable* (Zeile 1) und *Activatable*
(Zeile 8) sind die Bausteine – die Mixins. Die Klasse *SmartObject*
entsteht nun durch Kombination dieser beiden Klassen:

```
class SmartObject implements Disposable, Activatable {
```

Statt dem sonst üblichen extends wird hier implements benutzt.
Dies sagt eigentlich aus, dass eine Implementierung folgt. Dies wird
jedoch nicht direkt, sondern durch inkludieren der Mixins erledigt.
Um die Bedingungen für implements dennoch zu erfüllen, werden
die abstrakten Definitionen angegeben. Dies ist ein gewisser Zu-
satzaufwand bei Mixins, es bleibt jedoch die Möglichkeit, komplexere Programmanweisungen in den betroffenen Eigenschaften und
Methoden zu importieren.

```
1   // Klasse 1
2   isDisposed: boolean = false;
3   dispose: () => void;
4   // Klasse 2
5   isActive: boolean = false;
6   activate: () => void;
7   deactivate: () => void;
```

Die Klassen werden nun "gemischt":

```
applyMixins(SmartObject, [Disposable, Activatable])
```

Das eigentliche Mischen der Klassen erfolgt zur Laufzeit mit Hilfe der bereits benutzten Funktion applyMixins. Diese muss nur einmalig global bereitgestellt werden, beispielsweise über einen Import (im Beispiel auf Github ist dies zu sehen).

Mixin-Konstruktortypen

Der etwas sperrige Name Mixin-Konstruktortyp beschreibt eine spezielle Signatur für Konstruktoren, bei der ein Rest-Operator mit einem Array-Typ benutzt wird:

```
constructor(...args: any[])
```

Es ist nun möglich, den Typ des Konstruktors separat zu beschreiben. Zuerst zwei Klassen, die zusammen benutzt werden sollen.

Listing: advanced/fabricmixin.ts (Anfang)

```
1   interface Tagged {
2     _tag: string;
3   }
4
5   class Point {
6     constructor(public x: number, public y: number) {}
7   }
```

Nun folgt eine Typdefinition für einen generischen Konstruktor:

Listing: advanced/fabricmixin.ts (Fortsetzung)

```
1   type Constructor<T> = new(...args: any[]) => T;
```

Dies ist durch den Operator new eine Erstellungsanweisung für ein Objekt vom Typ T – hier also ist der konkrete Typ noch nicht benannt.

Da es sich immer noch um einen Typ handelt, kann nun von diesem abgeleitet werden. Idealerweise eignet sich dies zum Bau von Fabrikfunktionen:

Listing: advanced/fabricmixin.ts (Fortsetzung)

```
1   function Tagged<T extends Constructor<{}>>(Base: T) {
2       return class extends Base {
3           _tag: string;
4           constructor(...args: any[]) {
5               super(...args);
6               this._tag = "";
7           }
8       }
9   }
```

Hier wird erneut ein generischer Typ benutzt, der seinerseits von *Constructor<>* ableitet (Zeile 1 nach extends). Der Typ ist nicht weiter ausgeführt, {} ist schlicht object.

Mit dieser Definition und mittels einer Typ-Definition kann nun eine konkrete Instanz erstellt werden:

Listing: advanced/fabricmixin.ts (Fortsetzung)

```
1  export type TaggedPoint = Constructor<Tagged> & typeof Point;
2  const tPoint: TaggedPoint = Tagged(Point, "p");
3  let p = new tPoint(1,2);
4  console.log(p._tag);
```

Das Mischen (mix) passiert hier durch Übergabe des konkreten Typs *Point*, sodass die Eigenschaften *x* und *y* entstehen. Der Aufruf von *Tagged* führt auf die Schnittstelle zurück, die implizit auf *Constructor* aufsetzt. Das resultierende Objekt entsteht erst im inneren Konstruktor von *Tagged*, und dort wird in diesem Beispiel die Eigenschaft *_tag* erstellt. Nun fehlt noch das new für das finale Objekt.

Das Objekt ist jetzt eine Kombination aus *Tagged* und *Point*. Das ist sinnvoll, wenn Sie viele Klassen haben, die immer wieder denselben Satz von gleichen Eigenschaften benötigen. Es spart viel Schreibarbeit und reduziert Fehler.

 Das Pattern für Mixin-Typen wurde in TypeScript 2.2 eingeführt.

Deklaratives Mischen

Das deklarative Mischen von Typen ist eine sehr spezielle Technik, die so nur in TypeScript vorkommt. Der Compiler soll hier zwei oder mehr Typdefinitionen mit demselben Namen in einen gemeinsamen Typ verbinden. Es handelt sich quasi um eine spezielle Form der Mixins.

Konzepte

Deklarationen werden in TypeScript in Namensräumen, Typen oder Werten benutzt. Deklarationen die Namensräume oder Module erzeugen, werden über die Punkt-Syntax erstellt. Reine Typdeklarationen sind direkte, einfache Typbeschreibungen – der Typ wird wie geschrieben erzeugt und ist an seinen Namen gebunden. Deklarationen, die Werte erzeugen, werden im final erzeugten JavaScript als Funktion oder Variable sichtbar.

Table: Deklarationsverhalten

Deklaration	Namenraum	Typ	Wert
Module	{icon=check}	{icon=check}	
Class	{icon=check}	{icon=check}	
Interface		{icon=check}	
Function		{icon=check}	
Variable		{icon=check}	{icon=check}

Schnittstellen vermischen

Der einfachste Fall einer deklarativen Vermischung nutzt Schnittstellen. Es wird einfach eine Schnittstelle erstellt, und derselbe Name wird mehrfach benutzt.

Listing: advanced/mixinter.ts

```
interface Box {
    height: number;
    width: number;
}

interface Box {
    scale: number;
}

var box: Box = {height: 5, width: 6, scale: 10};
```

Felder und Eigenschaften müssen eindeutig über alle Teile sein, Funktionen können dagegen mit verschiedenen Signaturen überladen werden. Stimmen die Signaturen überein, erfolgt ein überblenden in der Reihenfolge der Definition. Die Definition in der letzten Schnittstelle der Kette hat die höchste Sichtbarkeit.

```
1  interface Document {
2      createElement(tagName: any): Element;
3  }
4  interface Document {
5      createElement(tagName: string): HTMLElement;
6  }
7  interface Document {
8      createElement(tagName: "div"): HTMLDivElement;
9      createElement(tagName: "span"): HTMLSpanElement;
10     createElement(tagName: "canvas"): HTMLCanvasElement;
11 }
```

Aus der gezeigten Deklaration folgt folgende gemischte Deklaration:

```
1  interface Document {
2      createElement(tagName: "div"): HTMLDivElement;
3      createElement(tagName: "span"): HTMLSpanElement;
4      createElement(tagName: "canvas"): HTMLCanvasElement;
5      createElement(tagName: string): HTMLElement;
6      createElement(tagName: any): Element;
7  }
```

Module mischen

Ähnlich wie bei den Schnittstellen lassen sich auch Module mischen. Da hier ein Namensraum mit ins Spiel kommt, ist der Vorgang ein klein wenig komplexer.

```
1    module Animals {
2        export class Zebra { }
3    }
4
5    module Animals {
6        export interface Legged { numberOfLegs: number; }
7        export class Dog { }
8    }
```

Diese Definition wird zu folgendem Konstrukt vermischt:

```
1    module Animals {
2        export interface Legged { numberOfLegs: number; }
3
4        export class Zebra { }
5        export class Dog { }
6    }
```

Um Namensräume zu verbinden, werden die Typinformationen der
exportierten Schnittstellen, die in jedem Modul deklariert worden
sind, zu einem Namensraum verschmolzen und als gemeinsame
Definition verfügbar gemacht. Nicht als exportierbar gekennzeich-
nete Mitglieder sind im finalen Namensraum nicht sichtbar. Ein
weiteres Beispiel zeigt den Effekt:

```
1    module Animal {
2        var haveMuscles = true;
3
4        export function animalsHaveMuscles() {
5            return haveMuscles;
6        }
7    }
8
9    module Animal {
10       export function doAnimalsHaveMuscles() {
11           return haveMuscles;
12       }
13   }
```

Hier wird das private Feld *haveMuscles* nicht exportiert. Deshalb
wird beim Aufruf der Funktion *doAnimalsHaveMuscles* in Zeile

10 ein Fehler erzeugt. Das Feld *haveMuscles* kann nicht erreicht werden.

Umgang mit Funktionen, Klassen und Enums

Module können beim Vermischen auch andere Deklarationen enthalten. Bei Klassen können Sie damit eine Art innere Klasse erzeugen:

Listing: advanced/modulmix.ts

```
1   class Album {
2     label: Album.AlbumLabel = new Album.AlbumLabel();
3   }
4   module Album {
5     export class AlbumLabel {
6       name: string
7     }
8   }
9
10  let a: Album = new Album();
11  a.label.name = "Crazy Horse";
12
13  console.log(a.label.name);
```

Hier wird die Klasse *AlbumLabel* exportiert. Die exportierte Klasse existiert als innere Klasse der äußeren Klasse *Album*. Der Zugriff erfolgt über die Punkt-Syntax: *Album.AlbumLabel*. Zur Benutzung ist freilich eine Instanz erforderlich ((Zeile 2). Der Einsatz ist sinnvoll, wenn komplexe Objekte in Unterstrukturen zerlegt werden sollen, sogenannte Property-Bags.

Die in JavaScript übliche Methode, Funktionen zu instanziieren und dann zu erweitern, ist dieser Vorgehensweise sehr ähnlich. In TypeScript ist es darüber hinaus möglich, solche Erweiterungen typsicher vorzunehmen.

Listing: advanced/fmodulmix.ts

```
function buildLabel(name: string): string {
    return buildLabel.prefix + name + buildLabel.suffix;
}

module buildLabel {
    export var suffix = "";
    export var prefix = "Hello, ";
}

console.log(buildLabel("Joerg<IsAGeek>"));
```

Vergleichbar ist auch das Erweitern einer Enumeration mit weiteren statischen Mitgliedern:

Listing: advanced/emodulmix.ts

```
enum Color {
    red = 1,
    green = 2,
    blue = 4
}

module Color {
    export function mixColor(colorName: string) {
        if (colorName == "yellow") {
            return Color.red + Color.green;
        }
        else if (colorName == "white") {
            return Color.red + Color.green + Color.blue;
        }
        else if (colorName == "magenta") {
            return Color.red + Color.blue;
        }
        else if (colorName == "cyan") {
            return Color.green + Color.blue;
        }
    }
}

const e = Color.green;
console.log(Color.mixColor("yellow"));
```

Damit ist man ziemlich nah dran an klassischen Sprachen wie C#. Die letzte Zeile im vorherigen Beispiel gibt "3" zurück, die Summe aus 1 und 2, den Werten die bei der Zeichenkette "yellow" ermittelt werden. Sie könnten nun noch den Zeichentyp ersetzen, wobei außer einem weiteren Enum auch ein Union-Typ sinnvoll erscheint (im selben Skript zu sehen):

```
type moreColors = "yellow" | "white" | "magenta" | "cyan";
```

Nicht mögliche Vermischungen

Nicht alle Vermischungen sind erlaubt. Klassen lassen sich nicht mit anderen Klassen mischen und nicht mit Schnittstellen. Alleinstehende Variablen und Klassen sind ebenso nicht mischbar. Einen Ausweg bieten die bereits beschriebenen Mixins, die aber eine explizite "Vermischungsfunktion" erfordern.

 Dieser Teil von TypeScript ist in der Entwicklung und spätere Versionen können hier weitere Funktionen hinzufügen.

4.7 Typableitung

Die Typableitung (type inference) ist die implizite Erkennung von Typen durch den Transpiler. Erneut soll ein Beispiel als Ausgangspunkt dienen:

```
var x = 23;
```

Hier wird der Typ der Variablen aus dem Literal "23" abgeleitet. Der Typ ist number. Die Variable *x* ist also typisiert. Meist ist diese Ableitung einfach und direkt. Es gibt allerdings ein paar Nuancen, die hier vorgestellt werden.

Bester allgemeiner Typ

Wenn mehrere Ausdrücke erkannt werden, wird der Typ aus einer
Auswahl von Möglichkeiten ausgewählt. Dies muss nicht immer
das erwartete Ergebnis sein. Erneut ein Beispiel:

```
var x = [0, 1, null];
```

Der Basistyp ist Array, der Typ der Elemente des Arrays ist allerdings nicht so klar definiert. Der Algorithmus versucht einen
gemeinsamen Typ zu finden; einer, der zu allen Elementen passt.

Bei Klassen wird es unter Umständen komplex, wenn es zwar
gemeinsame Mitglieder gibt, die Klassen selbst aber nicht von einer
gemeinsamen Basisklasse abgeleitet werden. In dem folgenden
Beispiel wäre alles gut, wenn alle Klassen von *Animal* abstammen:

```
var zoo = [new Rhino(), new Elephant(), new Snake()];
```

Das Array wäre dann vom Typ *Animal[]*. Ohne Basisklasse muss
dem Compiler hier geholfen werden:

```
var zoo: Animal[] = [new Rhino(), new Elephant(), new Snake()];
```

Wird kein gemeinsamer Typ gefunden, fällt TypeScript auf Object
zurück ({}), was dann nicht besser ist als das, was es schon immer
in JavaScript war. Allerdings wird der Zugriff auf Mitglieder dann
misslingen, denn Objekt verfügt nicht über die konkreten Mitglieder, die eventuell erwartet werden.

Kontextuelle Typen

Die Ableitung des Typs aus dem Kontext ist in einigen Fällen
ebenso möglich. Der Typ wird hier aus dem Ort der Verwendung
abgeleitet, nicht aus einer literalen Zuweisung. Auch hier hilft
ein Beispiel. Der folgende Code erzeugt auf Zeile 2 einen Fehler
(Beachten Sie den Schreibfehler *buton* in Zeile 2):

```
1   window.onmousedown = function(mouseEvent) {
2       console.log(mouseEvent.buton);
3   };
```

Hier wird der Typ aus *onmousedown* abgeleitet. Um dies zu ignorieren, muss der Typ explizit angegeben und kann nun nicht mehr aus dem Kontext entnommen werden:

```
1   window.onmousedown = function(mouseEvent: any) {
2       console.log(mouseEvent.buton);
3   };
```

Hier wird nun kein Fehler erzeugt (allerdings tut dieses Skript auch nichts sinnvolles). Die explizite Typdeklaration auf dem Parameter unterdrückt die kontextuelle Ermittlung.

Der Kontext hilft auch in Fällen, wo die Ermittlung eines Typs sonst fehlschlagen würde. Das folgende Beispiel zeigt dies. Hier ist der Typ des Arrays tatsächlich *Animal[]*, weil dies aus dem Rückgabetyp der Funktion abgeleitet werden kann. Die benutzten Klassen in Zeile 2 spielen dabei keine Rolle.

```
1   function createZoo(): Animal[] {
2       return [new Rhino(), new Elephant(), new Snake()];
3   }
```

4.8 Kompatibilität von Typen

Die Kompatibilität von Typen basiert auf den Mitgliedern der Typen. Eine unmittelbar Abhängigkeit muss dagegen nicht bestehen. Der folgende Code erzeugt in Zeile 9 keine Fehler, obwohl die Deklaration der Variablen durch eine Schnittstelle erfolgt und die Instanziierung durch eine davon vollständig unabhängige Klasse.

```
1   interface Named {
2       name: string;
3   }
4
5   class Person {
6       name: string;
7   }
8
9   var p: Named;
10  p = new Person();
```

Dennoch funktioniert es, weil die Typen *Named* und *Person* typkompatibel sind. Sie teilen sich ein gleichartig deklariertes Mitglied.

 Dieses Verhalten mag abenteuerlich erscheinen und dem Konzept typstrenger Sprachen widersprechen. Tatsächlich ist es aber ein guter Kompromiss zwischen der Flexibilität in JavaScript und einer weitreichenden Typprüfung in TypeScript. das ist auch der Grund, warum ein strukturelles Typsystem benutzt wird – **Kompatibilität.**

Stabilität des Typsystems

Einige Operationen sind in TypeScript erlaubt, die zum Zeitpunkt des Übersetzens nicht geprüft werden können. Das Typsystem ist deshalb partiell unsicher. In den meisten Fällen handelt es sich hier um Elemente, die die flexible Natur von JavaScript erhalten und trotzdem vor den gröbsten Fehlern schützen sollen.

Die wichtigste Regel bei der Typstabilität ist die Kompatibilitätsregel, die bereits im vorangegangenen Abschnitt beschrieben wurde – das strukturelle Typsystem. Sie sagt aus, das Typen zueinander passen, wenn die Mitglieder passen:

```
1    interface Named {
2        name: string;
3    }
4
5    var x: Named;
6    var y = { name: 'Alice', location: 'Seattle' };
7    x = y;
```

Der Typ, der aus der Schnittstelle *Named* hier abgeleitet wird, ist tatsächlich:

```
{ name: string; location: string; }
```

Mehr kann und wird TypeScript nicht erkennen. Der Transpiler prüft nun Mitglied für Mitglied, ob es passt. Ist das Fall, wird der Typ akzeptiert. Bei Funktionsargumenten erfolgt dies analog:

```
1    interface Named {
2        name: string;
3    }
4
5    function greet(n: Named) {
6        alert('Hello, ' + n.name);
7    }
8
9    var y = { name: 'Alice', location: 'Seattle' };
10   greet(y);
```

Die Überladung des Typs der Variablen *y* mit dem zusätzlichen Mitglied *location* in Zeile 9 stört hier nicht. Der Zieltyp ist entscheidend. Hier ist dies *Named* und es wird geprüft, was in *Named* steht. Das heißt, der Compiler sieht und prüft die Eigenschaft *location* hier überhaupt nicht.

 Falls es sich um komplexe Typen handelt, die selbst wieder Typen enthalten, wird der Prüfvorgang rekursiv fortgesetzt.

Funktionsvergleiche

Bei Funktionen ist der Vergleich ebenso möglich. Der Vorgang ist nicht ganz so direkt wie bei Typen. Im folgende Beispiel werden zwei Funktionen definiert, die sich in der Signatur unterscheiden.

```
1   var x = (a: number) => 0;
2   var y = (b: number, s: string) => 0;
3
4   y = x; // OK
5   x = y; // Fehler
```

Die erste Zuweisung in Zeile 4 gelingt, die zweite in Zeile 5 dagegen schlägt fehl. Jeder Parameter auf der rechten Seite muss zu den Parametern der Funktion auf der linken Seite passen. Da y hier einen weiteren Parameter hat, der jedoch nicht bedient wird, passt die Liste. Es fehlt lediglich der Wert. Die Zuweisung von y an x geht dagegen nicht. Denn hier fehlt der Parameter, es ist aber ein Wert vorhanden. Der kann nicht verarbeitet werden und die Zuweisung schlägt fehl. Die Namen der Parameter spielen dabei keine Rolle. Entscheidend ist die Position und der Typ.

Bei unmittelbaren Vergleichen mag es eigentümlich erscheinen, dass die erste Zuweisung überhaupt erlaubt ist. Der Grund ist eine Referenz an JavaScript. Der lockere Umgang mit Parametern ist extrem verbreitet und wird in fast allen Bibliotheken benutzt. Eine stärkere Einschränkung würde einen großen Bruch mit typischer JavaScript-Programmierung bedeuten, ohne das TypeScript andere sprachliche Mittel ersatzweise bereitstellt.

Das folgende Beispiel soll dies verdeutlichen. Hier wird bei der forEach-Funktion nur ein Parameter benutzt.

```
1   var items = [1, 2, 3];
2   items.forEach((item, index, array) => console.log(item));
```

Es ist sinnvoll, deshalb bei der Parameterliste nur diesen Parameter zu benutzen:

```
1  var items = [1, 2, 3];
2  items.forEach((item) => console.log(item));
```

Dennoch sollte ein Vergleich zweier derart deklarierter forEach-Funktionen Gleichheit ergeben.

Bei Rückgabetypen sieht es ähnlich aus. Betrachten Sie die beiden folgenden Funktionen:

```
1  var x = () => ({name: 'Alice'});
2  var y = () => ({name: 'Alice', location: 'Seattle'});
3
4  x = y;
5  y = x;
```

Die erste Zuweisung $x = y$ ist erlaubt, der fehlende Wert wird akzeptiert. Die zweite Zuweisung schlägt fehl, weil die zusätzliche Eigenschaft nicht verarbeitet werden kann.

Variante Parameter

Das bisher gezeigte Zuweisungsverhalten erforderte exakte Typen. Es wird jedoch in der Praxis oft notwendig sein, spezialisierte Typen zu benutzen, während Parameter eher allgemeine Typen nutzen. Erneut ein kurzes Beispiel:

```
1  enum EventType { Mouse, Keyboard }
2
3  interface Event { timestamp: number; }
4  interface MouseEvent extends Event { x: number; y: number }
5  interface KeyEvent extends Event { keyCode: number }
6
7  function listenEvent(eventType: EventType,
8                       handler: (n: Event) => void) {
9      /* ... */
10 }
```

Es ist nicht unüblich, hier folgenden Aufruf zu benutzen:

```
1   listenEvent(EventType.Mouse, (e: MouseEvent)
2                 => console.log(e.x + ',' + e.y));
```

Die Deklaration benutzt den allgemeinen Typ *Event*, während beim Aufruf der konkrete, spezialisierte Typ *MouseEvent* benutzt wird.

```
1   listenEvent(EventType.Mouse, (e: Event)
2     => console.log((<MouseEvent>e).x + ',' + (<MouseEvent>e).y));
3   listenEvent(EventType.Mouse, <(e: Event)
4     => void>((e: MouseEvent) => console.log(e.x + ',' + e.y)));
```

Das folgende Konstrukt ist dagegen nicht erlaubt, denn hier liegt ein vollständiger Typverstoß vor:

```
listenEvent(EventType.Mouse, (e: number) => console.log(e));
```

Überladene Funktionen

Wird eine Funktion überladen, muss jede Benutzung einer Überladung passen. Das betrifft die komplette Signatur – also Anzahl und Typen der Parameter und den Rückgabewert.

Kompatibilität von Enumerations-Parametern

Enumerationen (enums) sind mit Zahlen (number) kompatibel und umgekehrt. Verschiedene Enumerationen sind zueinander jedoch inkompatibel.

```
1   enum Status { Ready, Waiting };
2   enum Color { Red, Blue, Green };
3
4   var status = Status.Ready;
5   status = Color.Green;
```

Die zweite Zuweisung auf Zeile 5 ist nicht erlaubt – ein Fehler wird angezeigt.

Vergleich von Klassen

Klassen sind mit einfachen Objektliteralen vergleichbar, haben jedoch einen statischen Typ und einen Instanztyp. Bei Vergleichen wird nur der Instanztyp verglichen. Statische Mitglieder und Konstruktoren werden nicht beachtet.

```
 1   class Animal {
 2       feet: number;
 3       constructor(name: string, numFeet: number) { }
 4   }
 5
 6   class Size {
 7       feet: number;
 8       constructor(numFeet: number) { }
 9   }
10
11   var a: Animal;
12   var s: Size;
13
14   a = s;  // Passt
15   s = a;  // Passt auch
```

Private Mitglieder in Klassen

Private Mitglieder in Klassen werden beachtet. Sie müssen auf beiden Seiten der Zuweisung vorhanden sein.

Generische Typen

Da TypeScript ein strukturiertes Typsystem hat, haben Typparameter nur auf den resultierenden Typ Einfluss, wenn Sie als Teil eines Mitglieds benutzt werden. Sehen Sie sich dazu das folgende Beispiel an. Die Zuweisung in Zeile 6 gelingt, da die Struktur der Typen identisch ist. Die Struktur ist in der Schnittstellenbeschreibung. Die ist hier leer und damit für beide Typen gleich.

```
1   interface Empty<T> {
2   }
3   var x: Empty<number>;
4   var y: Empty<string>;
5
6   x = y;
```

Der Typ wird nicht auf einem möglichen Mitglied von *Empty*
benutzt, weil es hier keinen gibt. Wird er jedoch benutzt, dann
funktioniert der Typvergleich auch für den generischen Teil:

```
1   interface NotEmpty<T> {
2       data: T;
3   }
4   var x: NotEmpty<number>;
5   var y: NotEmpty<string>;
6
7   x = y;
```

Auf den ersten Blick ist die Struktur auch hier gleich. Jedoch
ist *T* jetzt auf einem Mitglied (*data*) definiert, sodass die beiden
Deklarationen nicht mehr kompatibel sind. Zeile 7 löst einen Fehler
aus.

Wird der Typ dagegen nicht weiter deklariert, so nimmt TypeScript
hier any an. Im folgenden Beispiel ist der Effekt zu sehen:

```
1   var a = function<T>(x: T): T {
2       // ...
3   }
4
5   var b = function<U>(y: U): U {
6       // ...
7   }
8
9   a = b;
```

Auch dies funktioniert, weil (a: any)=>any zu (b: any)=>any passt.

Dynamische Imports

Neu ab TypeScript 2.4 sind dynamisch importierbare Module.

Listing: advanced/asyncmodule/module.ts

```
1   async function getZipFile(name: string, content: any): Promise<{ name: str\
2   ing, content: any}> {
3     const zip = await import('./utils/create-zip-file');
4     const zipContents = await zip.zipUtil.getContentAsBlob(name, content);
5     return zipContents;
6   }
7
8   let f = getZipFile("Test", "SomeWeirdText");
9   f.then(file => console.log(file.content.length));
```

Damit kann das Laden von Modul-Dateien effektiver erfolgen, falls diese weiter separat vorliegen. Das Beispiel simuliert den Umgang mit Objekten in einem externen Modul, ohne hier etwas sehr sinnvolles zu tun.

4.9 Generatoren und Iteratoren

Generatoren und Iteratoren werden neu in ES 2015 eingeführt und folgerichtig auch von TypeScript unterstützt – konkret ab Version 2.3.

Iteratoren

Iteratoren dienen dazu, aufzählbare Objekte nach einem wohldefinierten Schema auszugeben. Ein solcher Iterator bietet drei Methoden an, next, return und throw, bereitgestellt als Schnittstelle:

```
1  interface Iterator<T> {
2    next(value?: any): IteratorResult<T>;
3    return?(value?: any): IteratorResult<T>;
4    throw?(e?: any): IteratorResult<T>;
5  }
```

Damit kann über synchron über Werte iteriert werden, beispielsweise Arrays. Iterierbare Objekte haben die Methode `iterator`,
die ein Objekt vom Typ `Iterator` zurückgibt. Einige sprachliche
Möglichkeiten in ES 2015 wie die Anweisungen `for..of` und der
`...`-Operator setzen auf diese Technik auf.

Generatoren

Generatoren erzeugen Objekte, die iterierbar sind. Dazu muss nicht
auf die implementierten Basistypen wie Array zurückgegriffen
werden. Das Schlüsselwort zum Steuern des Iterators heißt `yield`.

Listing: advanced/gen/yield.ts

```
1  function* f() {
2    yield 1;
3    yield* [2, 3];
4  }
5  let iterator = f();
6  console.log(iterator.next().value);
7  console.log(iterator.next().value);
8  console.log(iterator.next().value);
```

Das Skript gibt nun "1 2 3" untereinander aus. Jeder Aufruf von
`next()` schaltet eine Ebene weiter. Schleifen, die Iteratoren akzeptieren sind `for..of` und der Spread-Operator `...`.

Listing: advanced/gen/yieldloop.ts

```
1  function* floop() {
2    yield 1;
3    yield* [2, 3];
4  }
5
6  for(let f of floop()) {
7    console.log(f);
8  }
```

 Diese Beispiel muss für ES 2015 übersetzt werden. Der Transpiler entwickelt zwar eine Variante für ES 5, die funktioniert aber augenscheinlich nicht vollständig für Konstrukte, die auf yield aufsetzen.

Asynchrone Iteration

Um über Werte auch asynchron zu iterieren, wird der AsyncIterator benutzt. Die drei Methoden geben nun ein Promise zurück, das asynchron (mittels then oder catch) aufgelöst wird.

```
1  interface AsyncIterator<T> {
2    next(value?: any): Promise<IteratorResult<T>>;
3    return?(value?: any): Promise<IteratorResult<T>>;
4    throw?(e?: any): Promise<IteratorResult<T>>;
5  }
```

Die Methode asyncIterator zeigt diese Möglichkeit an.

Asynchrone Generatoren

Auch beim Generator kann asynchron gearbeitet werden.

Listing: advanced/gen/asyncyield.ts

```
1   if(Symbol["asyncIterator"] === undefined) ((Symbol as any)["asyncIterator"\
2   ]) = Symbol.for("asyncIterator");
3
4   function sleep(ms) {
5     return new Promise(resolve => setTimeout(resolve, ms));
6   }
7
8   async function* g() {
9     yield 1;
10    await sleep(1000);
11    yield* [2, 3];
12    yield* (async function *() {
13      await sleep(3000);
14      yield 4;
15    })();
16  }
```

Benutzt werden die bereits gezeigten Schlüsselwörter async und await. Das Beispiel nutzt eine *sleep*-Funktion, um die Ausgabe zu verzögern.

> Einiges muss aber beachtet werden im Hinblick auf den Transpiler. Zum einen geht das nur mit ES 2015 / ES 6 oder höher. Zum anderen muss die Bibliothek "esnext.asynciterable" eingebunden werden. All das ist in der *tsconfig.json* zu sehen, die im Projektordner *advanced/gen* zu finden ist.

Da Iteratoren und Generatoren naturgemäß oft in Schleifen verarbeitet werden, ist auch for..of um eine asynchrone Version erweitert worden:

Listing: advanced/gen/asyncyield.ts (Fortsetzung)

```
1  async function needAsyncFunction() {
2    for await (const item of g()){
3      console.log(item);
4    }
5  }
6
7  needAsyncFunction();
```

Dies funktioniert nur in einer asynchronen Funktion, die mit async dekoriert wurde.

Tipps

Beim Übersetzen nach ES 5 kann es sein, dass ältere Browser zusätzliche Polyfills benötigen. Ein Test ist unbedingt erforderlich. Beim transpilieren nach ES 5 oder ES 3 muss darüberhinaus der Schalter *–downlevelIterators* (oder `"downlevelIterators": true` in der *tsconfig.json*) benutzt werden, sonst werden die meisten Umgebungen den erstellten Code nicht ausführen.

Beachten Sie auch die Hinweise in den Kapiteln zu möglichen Beschränkungen mit ES 5.

4.10 Funktionsabschlüsse

Funktionsabschlüsse (engl. closures), sind in vielen Programmiersprachen bekannt. Sie erlaube es, einen Wert, der bei der Deklaration der Funktion erstellt wurde, zur Laufzeit wiederholt zu nutzen. Der Wert wird quasi "gefangen".

Ein erstes Beispiel:

```
1  function makeFunc() {
2    var name = "Mozilla";
3    function displayName() {
4      alert(name);
5    }
6    return displayName;
7  }
8  var myFunc = makeFunc();
9  myFunc();
```

Das sollte nicht gehen, weil beim Aufruf von *myFunc()* die lokalen Variablen name und die Funktion displayName nicht mehr gültig sind. Es funktioniert dennoch! Das ist ein Funktionsabschluss, denn *makeFunc()* "merkt" sich seine Definition für später und kann die Daten deshalb beim indirekten Aufruf bereitstellen.

Der Funktionsabschluss im folgende Beispiel die Instanzen von *makeAdder*, also *makeAdder(5)* und *makeAdder(10)*. Die Objekte merken sich ihren Zustand beim Erzeugen, das heißt, x wird "abgeschlossen" und y wird als Parameter wie üblich durchgereicht.

```
1  function makeAdder(x) {
2    return function(y) {
3      return x + y;
4    };
5  }
6
7  var add5 = makeAdder(5);
8  var add10 = makeAdder(10);
9
10 console.log(add5(2)); // 7
11 console.log(add10(2)); // 12
```

Einsatz von Funktionsabschlüssen kann auch private Instanzvariablen umfassen. Das Steuern der Sichtbarkeit über Ebenen hinweg ist damit möglich. Verschachtelte, selbstausführende Funktionen sind dei Grundlagen.

```
1   var add = (function () {
2     var cnt = 0;
3     return function () {
4       return cnt += 1;
5     }
6   })();
7
8   add();
9   add();
10  add(); // gibt 3 aus
```

4.11 Funktionen höherer Ordnung

Als Funktionen höherer Ordnung werden solche Funktionen bezeichnet, die Funktionen zurückgeben oder als Parameter akzeptieren.

Currying

Als Currying wird ein Entwurfsmuster bezeichnet, bei dem aus einer Sequenz von Werten eine Sequenz von Funktionen erstellt wird.

```
1   const convertUnits = (toUnit, factor, offset = 0) => input => ((offset + i\
2   nput) * factor).toFixed(2).concat(toUnit);
3   const milesToKm = convertUnits('km', 1.2345, 0);
4   const fahrenheitToCelsius = convertUnits('° C', 0.5556, -32);
5
6   const someMiles = [3, 45, 1039];
7   const someKms = someMiles.map(milesToKm);
```

Letztlich ist die Array-Methode map hier in der Lage, den Aufruf aufzulösen.

5. Dekoratoren und Metadaten-Reflektion

Dekoratoren bieten eine weitere Beschreibung von Objekten, die bei der Nutzung lesbar und im aktuellen Code nicht direkt zugreifbar ist. So haben Sie eine weitere Dimension zur Verfügung, die vor allem das Grundprinzip *Separation of Concerns* erfüllt. Dabei geht es darum, logisch nicht zusammenhängende Dinge auch codeseitig zu trennen.

Mit Metadaten-Reflektion ermitteln Sie Informationen über den Code. Diese Informationen enthalten unter anderem auch die Dekoratoren.

5.1 Dekoratoren sind Annotationen

Die in TypeScript benutzten Dekoratoren sind konkrete Ausprägungen eines Code-Prinzips, das als Annotationen bezeichnet wird. Dabei werden aktivem Code Beschreibungsinformationen eingepflanzt, die nicht den Code-Fluss betreffen, dennoch aus laufendem Code heraus abfragbar sind.

ECMAScript 2017

Annotationen sind ein Feature, das für ECMAScript 2017 geplant war. TypeScript nimmt hier einen Teil der Entwicklung voraus. Ob die künftige Implementierung exakt TypeScript entspricht, ist derzeit (März 2018) noch offen. Vermutlich bleibt

der Begriff "Decorator" erhalten und der ursprüngliche Vorschlag für "Annotations" wird so nicht umgesetzt.

Die Dekoratoren

Im Quellcode von TypeScript ist die Deklaration der Dekoratoren
zu finden. Sie unterscheiden sich vor allem im Ort, wo sie benutzt
werden dürfen:

```
1   declare type MethodDecorator =
2     <T>(target: Object, propertyKey: string | symbol,
3        descriptor: TypedPropertyDescriptor<T>)
4           => TypedPropertyDescriptor<T> | void;
5
6   declare type ClassDecorator =
7     <TFunction extends Function>(target: TFunction)
8           => TFunction | void;
9
10  declare type PropertyDecorator =
11    (target: Object, propertyKey: string | symbol)
12          => void;
13
14  declare type ParameterDecorator =
15    (target: Object, propertyKey: string | symbol, parameterIndex: number)
16          => void;
```

Es gibt also vier Platzierungsmöglichkeiten:

- Methoden
- Klassen
- Eigenschaften
- Parameter

Alle folgenden Beispiele erfordern eine passende *tsconfig.json*. Rufen Sie im Beispielordner nur **tsc** auf, ohne Dateinamen, damit allen Skripte korrekt übersetzt werden. Der benötigte Schalter heißt `experimentalDecorators: true`.

Schreibweisen

Schaut man auf die Beispiele in der Dokumentation und die Benutzung bei beispielweise Angular, so fällt ein wesentlicher Unterschied auf. Manche Dekoratoren haben Klammern (wie Funktionsaufrufe), manche nicht. Der Grund ist die Art, wie der Dekorator definiert wird.

- *@log*: Direkter Aufruf einer Dekoratorfunktion
- *@log()*: Aufruf einer Dekorator-Factory mit indirektem Aufruf des Dekorators

Die Factory-Version hat den Vorteil, das Parameter übergeben werden können. Der Aufwand zum Erstellen ist dafür etwas höher. Die folgenden Beispiele zeigen eine einfache Version ohne Factory. Das Praxis-Beispiel danach, das aus einem Angular-Projekt stammt, nutzt Factory-Funktionen.

 Im Zweifelsfall nutzen Sie immer eine Factory-Funktion.

Dekoratoren für Methoden

Aus der Deklaration lässt sich die Signatur entnehmen. Mit dieser Information kann ein erster Dekorator selbst implementiert werden. Für eine Methode sieht dies dann beispielsweise folgendermaßen aus:

Listing: decorators/funcdec.ts

```
function log(target: Object, key: string, value: any) {
  return {
    value: function (...args: any[]) {
      var a = args.map(a => JSON.stringify(a)).join();
      var result = value.value.apply(this, args);
      var r = JSON.stringify(result);
      console.log(`Call: ${key}(${a}) => ${r}`);
      return result;
    }
  };
}
```

Dieser Dekorator protokolliert den Methodenzugriff durch eine Ausgabe auf der Konsole. Ausgegeben werden der Funktionsname, die Argumente und der Rückgabewert der Methode. Die Nutzung des Konstrukts erfolgt nun, indem der Methode der Name des Dekorators, angeführt durch ein '@'-Zeichen, vorangestellt wird (Zeile 2):

Listing: decorators/funcdec.ts (Fortsetzung)

```
class Example {
  @log
  oneFunction(n: number) {
    return n * 2;
  }
}
```

Die Signatur hat drei Argumente. Der erste ist die Methode selbst, die dekoriert wird. Der zweite ist der Name derselben Methode. Der Vorteil der Übertragung der Methode und des Namens besteht darin, dass die Methode im Dekorator selbst aufgerufen (ausgeführt) werden kann. Das dritte Argument ist ein Beschreibungsobjekt vom Typ TypedPropertyDescriptor, wenn ein solcher existiert. Ist er nicht vorhanden, dann ist der Wert undefined. Der `TypedPropertyDescriptor` wird beschafft, indem `Object.getOwnPropertyDescriptor()` intern aufgerufen wird. Die Übertragung der Parameter selbst und der Aufruf des Dekorators erfolgt im übersetzten Code implizit, als TypeScript-Entwickler müssen Sie sich darum nicht selbst kümmern. Wie das passiert, zeigt der JavaScript-Code, der durch das gezeigte Beispiel erzeugt wird:

```
1   function log(target, key, descriptor) {
2       return {
3           value: function () {
4               var args = [];
5               for (var _i = 0; _i < arguments.length; _i++) {
6                   args[_i] = arguments[_i];
7               }
8               var a = args.map(function (a) {
9                           return JSON.stringify(a);
10                      }).join();
11              var result = descriptor.value.apply(this, args);
12              var r = JSON.stringify(result);
13              console.log("Call: " + key + "(" + a + ") => " + r);
14              return result;
15          }
16      };
17  }
18  var Example = /** @class */ (function () {
19      function Example() {
20      }
21      Example.prototype.oneFunction = function (n) {
22          return n * 2;
23      };
24      __decorate([
25          log
26      ], Example.prototype, "oneFunction", null);
27      return Example;
28  }());
```

Der Dekorator ist also nichts weiter, als eine dynamisch hinzugefügte Eigenschaft:

```
1   Object.defineProperty(
2     __decorate(
3       [log],                    // Dekorator
4       Beispiel.prototype,       // Zielmethode
5       "oneFunction",            // Methodenname
6                                 // Beschreibung
7       Object.getOwnPropertyDescriptor(Example.prototype, "oneFunction")
8     );
9   );
```

Der Kern der Funktion basiert also auf defineProperty. Allerdings benutzt die neu erstellte Eigenschaft einen Methodenaufruf mit dem Namen __decorate. Es handelt sich also lediglich um eine Art Wrapper zum Aufruf einer andernorts deklarierten Funktion, die die eigentliche Arbeit erledigt. Es ist naheliegend, dass der TypeScript-Compiler hier den nötigen Code mitbringt und zentral bereitstellt (während der gezeigte Aufruf spezifisch für die Methode ist, wird die _decorate-Methode nur einmal erzeugt. Dies sieht folgendermaßen aus (aufbereitet zugunsten der Lesbarkeit):

```
1   var __decorate = (this && this.__decorate)
2       || function (decorators, target, key, desc) {
3     var c = arguments.length;
4     var r = c < 3 ? target
5                   : desc === null ? desc = Object.getOwnPropertyDescriptor(t\
6   arget, key)
7                   : desc, d;
8     if (typeof Reflect === "object"
9       && typeof Reflect.decorate === "function") {
10      r = Reflect.decorate(decorators, target, key, desc);
11    } else {
12      for (var i = decorators.length - 1; i >= 0; i--) {
13        if (d = decorators[i]) {
14          r = (c < 3 ? d(r)
15                     : c > 3 ? d(target, key, r)
16                     : d(target, key)) || r;
17        }
18      }
19    }
20    return c > 3 && r && Object.defineProperty(target, key, r), r;
21  };
```

Der ||-Operator in Zeile 1 verhindert, dass die Deklaration mehrfach erfolgt. Dann wird in Zeile 2 geprüft, ob es sich beim Aufrufziel um eine Funktion handelt. Die Syntax mag seltsam anmuten, aber es handelt sich hier um einen Einsatz der Metadaten-Reflektions-API in JavaScript. Diese wird später in diesem Kapitel noch erläutert. Falls die unterliegende JavaScript-Implementierung dies noch nicht unterstützt, ist *Reflect* undefined. Dann wird die Bedingung nicht erfüllt und der Code fällt auf den Rückfallteil mit der switch-Anweisung durch.

Der switch-Parameter *argument.length* ist nun die Anzahl der Parameter, __decorate übergeben wurden. Dies sah folgendermaßen aus:

```
1   __decorate(
2     [log],                    // Dekorator
3     Beispiel.prototype,       // Zielmethode
4     "oneFunction",            // Methodenname
5                               // Beschreibung:
6     Object.getOwnPropertyDescriptor(Example.prototype, "oneFunction")
7   );
```

In diesem Beispiel wurden vier Parameter übergeben. Es wird also der letzte Teil ausgeführt. Die eigentliche Arbeit erledigt reduce-Right hier. Diese Methode führt eine Funktion für jedes Element eines Arrays aus, beginnend von rechts, und gibt dann einen skalaren Wert zurück. Die Namen *o* und *d* sind hier nicht hilfreich, aber durch die Platzierung kann man sich die Bedeutung erschließen. Es handelt sich hier um die Funktion selbst und den Funktionsnamen der dekorierten Methode. Ohne den mehrfach indirekten Aufruf würde der Dekorator auf direktem Wege folgendermaßen aussehen:

```
1  [log].reduceRight(function(log, desc) {
2    if(log) {
3      return log(Beispiel.prototype, "oneFunction", desc);
4    }
5    else {
6      return desc;
7    }
8  }, Object.getOwnPropertyDescriptor(Beispiel.prototype, "oneFunction"));
```

Dieser Aufruf der *log*-Funktion zeigt, wie die Parameter schluss-
endlich übergeben werden und wo sie herkommen. Er zeigt auch,
warum *log* überhaupt aufgerufen wird.

Nun soll noch die *log*-Funktion selbst untersucht werden:

```
1  function log(target: Function, key: string, value: any) {
2    return {
3      value: function (...args: any[]) {
4        var a = args.map(a => JSON.stringify(a)).join();
5        var result = value.value.apply(this, args);
6        var r = JSON.stringify(result);
7        console.log(`Call: ${key}(${a}) => ${r}`);
8        return result;
9      }
10   };
11 }
```

Die Argumente werden folgendermaßen befüllt:

- target === Example.prototype
- key === "oneFunction"
- value === Object.getOwnPropertyDescriptor(Beispiel.prototype,
  "oneFunction")

In Zeile 4 werden die Argumente in eine Zeichenkette konvertiert.
In Zeile 5 wird die Methode selbst aufgerufen und der Rückgabewert ermittelt. Warum das so aussieht ergibt die Dokumentation
von PropertyDescriptor. In Zeile 6 wird das Ergebnis in eine
Zeichenkette verwandelt. Zeile 7 gibt es aus. Zeile 8 gibt das
Ergebnis des Aufrufs zurück, damit der ursprüngliche Aufruf wie
zuvor (ohne Dekorator) funktioniert.

Dekoratoren für Eigenschaften

Die Signatur für den Dekorator wurde bereits am Anfang gezeigt:

```
declare type PropertyDecorator =
            (target: Object, propertyKey: string | symbol) => void;
```

Die Platzierung erfolgt nun auf einer Eigenschaft:

Listing: decorators/propdec.ts (Zweiter Teil)

```
1   class Person {
2
3     @logProperty
4     public name: string;
5     public surname: string;
6
7     constructor(name : string, surname : string) {
8       this.name = name;
9       this.surname = surname;
10    }
11  }
```

Erneut handelt es sich um eine simple Protokollierungsfunktion. Der Aufruf ist ähnlich wie für die Methode, allerdings fehlt der letzte Parameter beim Aufruf von __decorate.

```
1   var Person = (function () {
2       function Person(name, surname) {
3           this.name = name;
4           this.surname = surname;
5       }
6       __decorate([
7           logProperty
8       ], Person.prototype, "name");
9       return Person;
10  })();
```

Auch wird hier nicht mehr der Rückgabewert benutzt, es fehlt das return-Schlüsselwort. Der Compiler nutzt eine andere Aufrufkonvention für __decorate:

```
1   Object.defineProperty(Person.prototype,
2       "oneProp",
3       __decorate([log],
4               Beispiel.prototype,
5               "onProp",
6               Object.getOwnPropertyDescriptor(Person.prototype,
7                                       "oneProp"))));
```

Hier nun die eigentliche Implementierung des Dekorators:

Listing: decorators/propdec.ts (Erster Teil)

```
1   function logProperty(target: any, key: string) {
2     var _val = this[key];
3     var getter = function () {
4       console.log(`Get: ${key} => ${_val}`);
5       return _val;
6     };
7     var setter = function (newVal) {
8       console.log(`Set: ${key} => ${newVal}`);
9       _val = newVal;
10    };
11    if (delete this[key]) {
12      Object.defineProperty(target, key, {
13        get: getter,
14        set: setter,
15        enumerable: true,
16        configurable: true
17      });
18    }
19  }
```

In Zeile 2 wird der Wert der Eigenschaft ermittelt. In Zeile 3 und
Zeile 7 werden die Zugriffpfade auf die Eigenschaft benutzt, um
den Zugriff aufzufangen und Konsolenausgaben zu erzeugen. Der
permanente Zugriff auf _val gelingt, weil es sich hier um einen
Funktionsabschluss (Closure) handelt. Das Löschen mittels delete
in Zeile 11 entfernt die usprüngliche Eigenschaft und ersetzt sie
dann durch das eigene Konstrukt. Die Ausgabe sieht folgendermaßen aus:

```
Set: name => Detlef
Get: name => Detlef
```

 delete

Der `delete`-Operator wirft eine Ausnahme im Strikt-Mode, wenn es sich um eine eigene nicht konfigurierbare Eigenschaft handelt.

Dekoratoren für Klassen

Die Deklaration soll hier wieder als Ausgangspunkt dienen:

```
declare type ClassDecorator =
        <TFunction extends Function>(target: TFunction) => TFunction | voi\
d;
```

Der Einsatz erfolgt nun auf der Klasse selbst:

Listing: decorators/classdec.ts (Zweiter Teil)

```
1    @logClass
2    class OtherPerson {
3
4      public name: string;
5      public surname: string;
6
7      constructor(name : string, surname : string) {
8        this.name = name;
9        this.surname = surname;
10     }
11   }
```

Übersetzt nach JavaScript sieht es aus wie zuvor, allerdings fehlen zwei Parameter.

```
1    var Person = (function () {
2        function Person(name, surname) {
3            this.name = name;
4            this.surname = surname;
5        }
6        Person = __decorate([
7            logClass
8        ], Person);
9        return Person;
10   })();
```

Übergeben wird hier der die Konstruktor-Funktion selbst, nicht der
Prototyp. Aus dieser Angabe lassen sich alle nötigen Informationen
gewinnen, die Angabe einer Eigenschaftenbeschreibung ist nicht
notwendig. Der Konstruktor selbst wird durch den Aufruf von
_decorate überschrieben (Zeile 6). Wird die Klasse später benutzt,
wird der Konstruktor aufgerufen, damit wird implizit erst der
Dekorator ausgeführt. Dekorierte Klassen führen den Dekorator
also am Anfang der Instanziierung einmalig aus. Mit diesem Wissen lässt sich die Implementierung des Dekorators selbst leicht
vornehmen.

Listing: decorators/classdec.ts (Erster Teil)

```
1    function logClass(target: any) {
2        // Konstruktor merken
3        var original = target;
4        // Unterstützung der Instanziierung
5        function construct(constructor, args) {
6            var c : any = function () {
7                return constructor.apply(this, args);
8            }
9            c.prototype = constructor.prototype;
10           return new c();
11       }
12       // Unterstützung des Konstruktors
13       var f : any = function (...args) {
14           console.log("New: " + original.name);
15           return construct(original, args);
16       }
17       // Ursprüngliche Vererbung kopieren
18       f.prototype = original.prototype;
```

```
19    // Neuer Konstruktor
20    return f;
21  }
```

Der übergebene Parameter *target* ist der Konstruktor der Klasse, die dekoriert wird. Die Funktion *construct* ist eine Hilfsfunktion, die aufgerufen wird, wenn die dekorierte Klasse instanziiert wird. Das erste Argument ist der Konstruktor selbst, der Rest die Liste der Argumente des Konstruktors der dekorierten Klasse. Die Variable *c* in der Hilfsfunktion enthält den gekapselten Konstruktoraufruf und dieser wird mit new c() hier ausgeführt. Die vererbaren Mitglieder der Funktion werden über den Prototyp übergeben.

Das folgende Beispiel erzeugt zwei Konsolenausgaben, einmal über den Dekorator und einmal als Beweis, dass das Konstruktorobjekt noch wie zuvor *Person* ist und nicht der Dekorator, obwohl der Konstruktor überschrieben wurde.

```
1  var me = new Person("Remo", "Jansen");
2  if (me instanceof Person){
3    console.log('Person');
4  }
```

Dekorator für Parameter

Auch Parameter lassen sich dekorieren. Erneut soll die Signatur als Ausgangspunkt dienen:

```
declare type ParameterDecorator = (target: Object, propertyKey: string | s\
ymbol, parameterIndex: number) => void;
```

Der Einsatz auf der bereits mehrfach benutzten Klasse *Person* sieht folgendermaßen aus (Zeile 11):

Listing: decorators/paramdec.ts (Zweiter Teil)

```
1   class ParamPerson {
2     public name: string;
3     public surname: string;
4
5     constructor(name: string, surname: string) {
6       this.name = name;
7       this.surname = surname;
8     }
9
10    public saySomething(@logParameter something: string): string {
11      return this.name + " " + this.surname + " says: " + something;
12    }
13  }
```

Die in JavaScript übersetzte Version verrät, wie der Dekorator intern funktioniert:

```
1   Object.defineProperty(Person.prototype, "saySomething",
2     __decorate([
3       __param(0, logParameter)
4     ], Person.prototype,
5       "saySomething",
6       Object.getOwnPropertyDescriptor(Person.prototype, "saySomething")));
7   return Person;
```

Innerhalb der bereits bekannten __decorate-Methode befindet sich hier eine weitere vordefinierte Methode, __param. Diese Funktion wird vom Compiler bereitgestellt und sieht folgendermaßen aus:

```
1   var __param = this.__param || function (index, decorator) {
2     return function (target, key) {
3       decorator(target, key, index);
4     }
5   };
```

Diese Funktion gibt einen Wrapper für den Dekorator zurück (*decorator* ist der Parameter in Zeile 1). Ein Rückgabewert gibt es nicht, die Ausgabe von *decorator* wird ignoriert. Dekoratoren für

Parameter geben also nichts zurück. Das ist verständlich, denn an der Stelle an der Dekoratoren dieser Art benutzt werden, ist ein Wert nicht sinnvoll. Parameter übergebem lediglich Werte, führen aber nichts aus (der Konstruktor einer Klasse dagegen führt etwas aus). Der Wrapper ist notwendig, um einen Funktionsabschluss (Closure) zu erzeugen, in dem sich JavaScript den Index (Position des Parameters) merkt.

Im folgende Beispiel ist der Index des Parameters in Zeile 2 gleich 0, in Zeile 5 dagegen ist es 1:

```
1  class foo {
2    public foo(@logParameter foo: string) : string {
3      return "bar";
4    }
5    public foobar(foo: string, @logParameter bar: string) : string {
6      return "foobar";
7    }
8  }
```

Der Dekorator für Parameter braucht also selbst drei Parameter:

- Prototyp der dekorierten Klasse
- Name der Methode, deren Parameter dekoriert ist
- Position in der Liste der Parameter dieser Methode (der Index)

Ein mögliche Implementierung sieht nun folgendermaßen aus:

Listing: decorators/paramdec.ts (Erster Teil)

```
1   function logParameter(target: any, key: string, index: number) {
2     var metadataKey = `log_${key}_parameters`;
3     if (Array.isArray(target[metadataKey])) {
4       target[metadataKey].push(index);
5     } else {
6       target[metadataKey] = [index];
7     }
8     console.log(metadataKey);
9   }
```

Hier wird der Klasse, die die Methode mit dem dekorierten Parameter enthält (*target*), eine Eigenschaft *metadataKey* hinzugefügt. Es handelt sich also um einen Speicher für Metadaten. Die Metadaten bestehen aus den Indizes der Parameter. Das ist auch der Sinn der Parameterdekoratoren – Erstellen von Metadateninformationen. Die Auswertung findet dann in anderen Dekoratoren statt. Im folgende Beispiel wird der Dekorator *logParameter* (Zeile 12) benutzt, um dem Dekorator für die Methode *@logMethod* (Zeile 11) mitzuteilen, dass nur dieser Parameter analysiert werden soll.

```
1   class Person {
2
3     public name: string;
4     public surname: string;
5
6     constructor(name : string, surname : string) {
7       this.name = name;
8       this.surname = surname;
9     }
10
11    @logMethod()
12    public saySomething(@logParameter() something : string) : string {
13      return this.name + " " + this.surname + " says: " + something;
14    }
15  }
```

Der dazu angepasste Dekorator der Methode sieht nun folgendermaßen aus:

```
1   function logMethod(target: Function, key: string, descriptor: any) {
2     var originalMethod = descriptor.value;
3     descriptor.value = function (...args: any[]) {
4
5       var metadataKey = `__log_${key}_parameters`;
6       var indices = target[metadataKey];
7
8       if (Array.isArray(indices)) {
9
10        for (var i = 0; i < args.length; i++) {
11
12          if (indices.indexOf(i) !== -1) {
13
14            var arg = args[i];
15            var argStr = JSON.stringify(arg) || arg.toString();
16            console.log(`${key} arg[${i}]: ${argStr}`);
17          }
18        }
19        var result = originalMethod.apply(this, args);
20        return result;
21      }
22      else {
23
24        var a = args.map(a => (JSON.stringify(a) || a.toString())).join();
25        var result = originalMethod.apply(this, args);
26        var r = JSON.stringify(result);
27        console.log(`Call: ${key}(${a}) => ${r}`);
28        return result;
29      }
30    }
31    return descriptor;
32  }
```

Freilich gibt es bessere Methoden, mit Metadaten zu hantieren. Aber die Flexibilität der Dekoratoren und die Eleganz der Nutzung ist ein erheblicher Vorteil gegenüber JavaScript.

```
1  function logParameter(target: any, key: string, index: number) {
2    var indices = Reflect.getMetadata(`log_${key}_parameters`, target, key) \
3  || [];
4    indices.push(index);
5    Reflect.defineMetadata(`log_${key}_parameters`, indices, target, key);
6  }
```

Fabrikfunktionen für Dekoratoren

Fabrikfunktionen für Dekoratoren sind in der offiziellen TypeScript-Beschreibung folgendermaßen definiert:

> A decorator factory is a function that can accept any number of arguments, and must return one of the types of decorator.

Erneut soll die Klasse *Person* als Ausgangspunkt dienen:

```
1  @logClass()
2  class Person {
3
4    @logProperty()
5    public name: string;
6
7    public surname: string;
8
9    constructor(name : string, surname : string) {
10     this.name = name;
11     this.surname = surname;
12   }
13
14   @logMethod()
15   public saySomething(@logParameter() something : string) : string {
16     return this.name + " " + this.surname + " says: " + something;
17   }
18 }
```

Das funktioniert, aber es ist doch etwas umständlich, immer wieder neue Dekoratorklassen zu bauen, für alle Arten von Anwendungen.

Es wäre deutlich eleganter, die Zugriffsprotokollierung hier folgendermaßen vornehmen zu können:

Listing: decorators/alldec.ts (Alternative)

```
1   @logAll
2   class AllPerson {
3
4     @logAll
5     public name: string;
6
7     @logAll
8     public surname: string;
9
10    constructor(n : string, sn : string) {
11      this.name = n;
12      this.surname = sn;
13    }
14
15    @logAll
16    public saySomething(@logAll something : string) : string {
17      return this.name + " " + this.surname + " says: " + something;
18    }
19  }
20
21  const allPerson = new AllPerson("Alwin", "All");
22  allPerson.saySomething("Hallo");
```

Die Fabrikfunktion ist hier *logAll*, die ihrerseits eine Aufspaltung auf die einzelnen Dekoratoren vornimmt. Genau diesen Zweck erfüllen Fabrikfunktionen für Dekoratoren. In der Praxis sieht das folgendermaßen aus:

Listing: decorators/alldec.ts (Fortsetzung)

```
function logAll(...args : any[]) {
  // Fix für Property
  if (args.length === 3 && args[2] === undefined){
    args.pop();
  }
  switch(args.length) {
    case 1:
      return logAllClass.apply(args[0], args);
    case 2:
      return logAllProperty.apply(args[0], args);
    case 3:
      if(typeof args[2] === "number") {
        return logAllParameter.apply(args[0], args);
      }
      return logAllMethod.apply(args[0], args);
    default:
      throw new Error("Decorators are not valid here! ");
  }
}
```

Als Unterscheidungsmerkmal dient schlicht die Anzahl der Parameter, die bei jedem Dekoratortyp unterschiedlich ist. Einzig bei der Eigenschaft ist hier die Zuordnung uneindeutig, was an einem Bug im Transpiler liegt (der Fehler tritt erst im JavaScript auf). Beobachten Sie das Verhalten und passen Sie den Code gegebenenfalls an.

Konfigurierbare Dekoratoren

Argumente für Dekoratoren verschaffen diesen eine weitere Einsatzbereich. Dies ist möglich, wenn Fabrikfunktionen mit Parameteroptionen für die Definition der Dekoratoren benutzt werden. Die Nutzung sieht dann folgendermaßen aus und unterscheidet sich etwas vom vorhergehenden Beispiel:

Listing: decorators/factorydec.ts (Erster Teil)

```
1  @logClassWithArgs("Ausgabe")
2  class FactoryPerson {
3
4    public name: string;
5    public surname: string;
6
7    constructor(name : string, surname : string) {
8      this.name = name;
9      this.surname = surname;
10   }
11 }
```

Hier soll eine Fabrikfunktion als Muster für die Implementierung dienen:

Listing: decorators/factorydec.ts (Fortsetzung)

```
1  function logClassWithArgs(comment: string) {
2    return (target: any) => {
3      // Konstruktor merken
4      var original = target;
5      // Unterstützung der Instanziierung
6      function construct(constructor, args) {
7        var c : any = function () {
8          return constructor.apply(this, args);
9        }
10       c.prototype = constructor.prototype;
11       return new c();
12     }
13     var f : any = function (...args) {
14       console.log(`New: ${original.name} ${comment}`);
15       return construct(original, args);
16     }
17     // Ursprüngliche Vererbung kopieren
18     f.prototype = original.prototype;
19     // Neuer Konstruktor
20     return f;
21   }
22 }
```

Der hier als Parameter *comment* übergebene Wert ist der Parameter des Dekorators. Als Typ wurde hier string angenommen, aber dies ist willkürlich und beliebig. Oft sind komplexere Objekte ein guter Weg, viele Parameter zusammenzufassen und damit lesbare Signaturen zu erzeugen.

5.2 Praktische Anwendung für Dekoratoren

Der folgende Abschnitt zeigt, wie die Techniken im Zusammenhang mit Angular genutzt werden können. Wenn Sie nicht Angular programmieren, können Sie diesen Abschnitt verlustfrei überspringen.

Data Annotations in TypeScript

Dieser Anschnitt zeigt, wie mit Hilfe von Dekoratoren in TypeScript die Validierungsinformationen an ein View-Modell gebunden werden können. Ein injizierbarer Dienst extrahiert diese Daten später und erstellt ein FormGroup-Objekt, das dazu dient, programmatisch die Validierungsinformationen an ein Formular weiterzureichen. Erreicht wird eine drastische Vereinfachung der Erstellung von Templates für Formulare. Der Code zum Artikel ist auf Github zu finden. Das Projekt steht außerdem auf **npm** unter dem Namen "svogv" zur Verfügung.

```
npm i svogv --save
```

Auf der **npm**-Seite finden Sie den aktuellen Link zu Github.

Motivation

Bei der Entwicklung großer Applikationen ist ein modellgetriebener Ansatz äußerst hilfreich. Dabei beschreiben die Datenmodelle auf der jeweiligen Schicht so umfassend wie möglich die fachliche Domäne. Als ein Element, diese Informationen sprachlich auszudrücken, sind Annotationen.

In .NET lassen sich solche Elemente mit Attributen sehr gut hinzufügen. Es ist praktisch eine weitere Ebene der Beschreibung neben dem regulären Code. Das Einbinden von Metadaten unterstützt das Prinzip Separation of Concerns (SoC) und erleichtert die Automation in nachfolgenden Schichten.

Ein typischer Einsatzfall sind Validierungen. Dabei wird einer Eigenschaft eine Validierungsinformation mitgegeben. Die Beschreibung der Validierung erfolgt dann nicht im Formular oder der Serviceschicht, sondern im Modell.

```
1   public class Customer {
2
3       [Required]
4       [Maxlength(65)]
5       public string Name { get; set; }
6
7   }
```

Aus Sicht des Programmierers erfolgt der Zugriff auf den Kundennamen intuitiv mit `Customer.Name`. Aus Sicht der Form, die eine validierende Ansicht bereitstellen muss, erfolgt der Zugriff auf die Metadaten über einen eigenen Abfragemechanismus. Zwei unabhängige Vorgänge sind mit zwei unabhängigen Techniken bedient worden – das SoC-Prinzip wurde erfüllt.

Annotationen in JavaScript und TypeScript

Moderne Applikation sind zu einem großen Teil Client-getrieben. So finden im Client-Frameworks wie Angular Anwendung. Die Modelle werden dann zwangsläufig in JavaScript oder TypeScript geschrieben. Annotationen werden in TypeScript mit Hilfe von Dekoratoren abgebildet, die im vorherigen Abschnitt bereits ausführlich vorgestellt worden sind. Das bereits gezeigt Beispiel könnte nun folgendermaßen aussehen:

```
1   export class Customer {
2
3     @Required()
4     @Maxlength(65)
5     public name : string;
6
7   }
```

Soweit, so gut. Während das in der .NET-Variante nun bereits funktioniert, hat Angular keine passenden Funktionen, wohl aber die Infrastruktur. In .NET stammen die Attribute aus dem folgenden Namensraum:

`System.ComponentModel.DataAnnotations`

Seit .NET 4.5 ist dies als Teil des Frameworks bereitgestellt worden. In Angular fehlt eine vergleichbare Bibliothek. Es ist also eine gute Gelegenheit, eine solche Erweiterung selbst zu erstellen und dabei mehr über das Validierungsschema von Angular zu erfahren.

Validierung in Angular

Angular bietet zwei grundlegenge Verfahren zum Validieren an: Auf Templates basierend oder auf Code basierend. Beide Verfahren schließen sich gegenseitig nicht völlig aus, es ist aber sinnvoll, sich generell für die eine oder andere Strategie zu entscheiden. Die vorlagenbasierte Validierung stammt aus dem Modul `FormsModule` und die codebasierte Version stammt aus `ReactiveFormsModule`. Üblicherweise werden immer beide importiert:

```
import { FormsModule, ReactiveFormsModule } from '@angular/forms';
```

Die Bindung erfolgt bidirektional und die Validierungen werden in HTML 5 beschrieben:

```
1   <input type="text" class="form-control" id="name"
2           required
3           [(ngModel)]="customer.name" name="name">
4   <div [hidden]="name.valid || name.pristine"
5               class="alert alert-danger">
6     Der Name ist erforderlich
7   </div>
```

Dieses Verfahren ist direkt und gut lesbar. Es hat nur leider nichts mit unserem Modell zu tun. Die Angabe `required` und die Reaktion darauf mit `name.valid` usw. ist handgeschrieben. Dass ganze Prinzip wird bei größeren Anwendungen mühevoll, fehleranfällig und führt zu Inkonsistenzen, weil gleiche Modelle nicht zwingend dieselben Fehlertexte erzeugen.

Glücklicherweise gibt es eine codebasierte Version, die es leichter macht, die Validierung über die Komponente des Formulars zu erzeugen.

```
1   <input type="text" class="form-control"
2           id="customerName"
3           formControlName="name" />
4   <div class="text-red" *ngIf="!name.valid && name.touched">
5       {{ customerForm.controls.name.messages.required }}
6   </div>
```

Hier fehlt nun die Bindung mit `ngModel`. Außerdem wird die Fehlermeldung der Form entnommen. Dazu wird bei dem Modul `ReactiveFormsModule` die Klasse `FormBuilder` benutzt. Über Konstruktorinjektion lässt sich diese bereitstellen:

```
1   constructor(public fb: FormBuilder) {
2       this.customerForm = fb.group({
3         'Name' : [null, Validators.required]
4       })
5   }
```

Der erste Wert des Arrays, mit dem das Formularelement beschrieben wird, ist der Standardwert. Danach folgt eine Liste der

Validatoren. Die Fehlermeldung ist nicht Bestandteil dieser Angabe. Mit der codebasierten Form ist eine konsistente Darstellung sicher besser beherrschbar, bequem und weniger fehleranfällig ist es nicht.

Verbindung beider Welten

Das Anfangs bereits gezeigt Modell wäre nun ideal, um die Erstellung des Formbuilders zu automatisieren. Dazu müssen die Dekoratoren aber erstmal existieren. Dies müssen wir selbst machen, denn Angular kennt diese Techniken nicht:

```
1   import { Required } from '../decorators/val-required';
2   import { MaxLength } from '../decorators/val-maxlength';
3
4   export class Customer {
5
6     @Required('Der Name ist anzugeben')
7     @Maxlength(65)
8     public Name : string;
9
10  }
```

Benutzt werden hier `Required` und `Maxlength`.

Der Dekorator `Required` selbst kann nun folgendermaßen erstellt werden (in der Datei *val-required.ts*). Ich habe die Funktionen im Code in Kommentare geschrieben:

```
1   // Übergeben der Parameter; der Meldungstext ist optional
2   export function Required(msg?: string) {
3       // Die Signatur eines Property-Dekorators
4       function requiredInternal(target: Object, property: string | symbol): \
5   void {
6           // Rückgabe des internen Dekorators
7           new requiredInternalSetup(target, property.toString(), msg);
8       }
9       // Rückgabe des Dekorators mit der erwarteten Signatur
10      return requiredInternal;
11  }
12
```

```
13    class requiredInternalSetup {
14
15      private _val: any;
16
17      constructor(public target: any, public key: string, public msg?: string)\
18      {
19         this._val = target[key];
20         // Property löschen
21         if (delete this.target[this.key]) {
22
23            // Eine neue Property erstellen
24            Object.defineProperty(this.target, this.key, {
25                get: this.getter,
26                set: this.setter,
27                enumerable: true,
28                configurable: true
29            });
30
31            // Eine Hilfsproperty für "IsRequired"
32            Object.defineProperty(this.target, `__isRequired__${this.key}`, {
33                get: function () { return true; },
34                enumerable: false,
35                configurable: false
36            });
37
38            // Eine Hilfsproperty für "Fehlermeldung"
39            Object.defineProperty(this.target, `__errRequired__${this.key}`, {
40                value: this.msg || `The field ${this.key} is required`,
41                enumerable: false,
42                configurable: false
43            });
44         }
45      }
46
47      // Getter
48      getter(): any {
49          return this._val;
50      };
51
52      // Setter
53      setter(newVal: any) {
54          this._val = newVal;
55      };
56
57    }
```

Im Kern ist der Dekorator sehr einfach. Der Aufruf der dekorierten Eigenschaft wird gekapselt. Das ist nicht zwingend erforderlich, wenn in den Zweig nicht eingegriffen werden soll. Dann werden zwei weitere Eigenschaften hinzugefügt. Diese transportieren die Metadaten aus dem Dekorator in das dekorierte Objekt. Hier ist es die Information, dass "Required" überhaupt benutzt wurde und dann die Fehlermeldung. Die Namen der Eigenschaften sind _isRequired_Name und __errRequired_Name für das konkrete Beispiel.

Auf diese Daten kann nun überall dort zugegriffen werden, wo das Modell auftaucht. Am besten geht das in Angular mit einem Validierungsdienst, der via Dependency Injection leicht überall bereitgestellt werden kann.

Der Validierungsdienst

Was in der Form benötigt wird, ist klar. Die Beschreibung erfolgt durch ein Objekt vom Typ `FormGroup`. Es wäre also ideal, wenn sich der Dienst aus den Metadaten alle Informationen beschafft, um dieses Objekt fertig zu erstellen. Der nachfolgend gezeigt Dienst erledigt genau dies. Die einzige Methode *build* ist statisch und wird nur beim Erstellen einmalig aufgerufen. Als Parameter wird der `FormBuilder` und der Typ des Modells übergeben.

Erstellt wird eine Gruppe mit den Validatoren in *valGroup*. Diese Angabe wird von Angular konsumiert. Dann erfolgt noch die Erstellung einer Objektgruppe *errGroup* die die Fehlermeldungen enthält. Die Strukturen sind sich recht ähnlich, die Fehler werden nach Steuerelementen und Fehlertypen sortiert:

```
1  {
2    "ctrlname": {
3      "required": "Text für Required",
4      "maxlength": "Text für Maxlength"
5    }
6  }
```

So lässt sich der passende Text später bequem auslesen. Der Zugriff sieht dann so aus:

- *controls.ctrlname.required*

Wir gehen hier davon aus, dass die Namen der Steuerelemente den Namen der Eigenschaften in der View-Modell-Klasse entsprechen. Dies ist nicht nur bequem, es sorgt auch für eine stringente Benennung und damit für Ordnung in den Formularen.

```
1  import { Injectable } from '@angular/core';
2  import { Validators, ValidatorFn, FormBuilder, FormGroup } from '@angular/\
3  forms';
4
5  @Injectable()
6  export class FormValidatorService {
7
8    public static build(fb: FormBuilder, target: any): FormGroup {
9      let valGroup = {};
10     let errGroup = {};
11     let errmsgs = {};
12     for (let propName in target.prototype) {
13     let validators = [];
14       let isRequired = `__isRequired__${propName}` in target.prototype;
15       if (isRequired) {
16           errmsgs["required"] = target.prototype[`__errRequired__${propNam\
17   e}`];
18           validators.push(Validators.required);
19       }
20       let hasMaxLength = `__hasMaxLength__${propName}` in target.prototype;
21       if (hasMaxLength) {
22           errmsgs["maxlength"] = target.prototype[`__errMaxLength__${propN\
23   ame}`];
24           let maxLength = parseInt(target.prototype[`__hasMaxLength__${pro\
```

```
25  pName}`], 10);
26          validators.push(Validators.maxLength(maxLength));
27      }
28      let hasMinLength = `__hasMinLength__${propName}` in target.prototype;
29      if (hasMinLength) {
30          errmsgs["minlength"] = target.prototype[`__errMinLength__${propN\
31  ame}`];
32          let minLength = parseInt(target.prototype[`__hasMinLength__${pro\
33  pName}`], 10);
34          validators.push(Validators.minLength(minLength));
35      }
36      let hasPattern = `__hasPattern__${propName}` in target.prototype;
37      if (hasPattern) {
38          errmsgs["pattern"] = target.prototype[`__errPattern__${propName}\
39  `];
40          let pattern = target.prototype[`__hasPattern__${propName}`].toSt\
41  ring();
42          validators.push(Validators.pattern(pattern));
43      }
44      if (validators.length === 1) {
45          valGroup[propName] = ['', validators[0]];
46      }
47      if (validators.length >= 1) {
48          valGroup[propName] = ['', Validators.compose(validators)];
49      }
50      errGroup[propName] = errmsgs;
51  }
52  // Gruppe erzeugen
53  let form = fb.group(valGroup);
54  // Steuerelement erweitern
55  for (let propName in errGroup) {
56      form.controls[propName]["messages"] = errGroup[propName];
57  }
58  // Kann direkt benutzt werden
59  return form;
60  }
61  }
```

Das Auswerten der Eigenschaften erfolgt mit einer Schleife. Die Auflistung enthält dabei nur solche Eigenschaften, die bei Erzeugen mit der Bedingung `enumerable: true` erzeugt wurden. Für alle normalen Eigenschaften trifft dies zu. Für die selbst definierten, die im Dekorator mit `Object.createProperty` erstellt wurden, trifft dies nicht zu, weil hier explizit `enumerable: false` geschrieben wurde. So stören die Metadaten-Eigenschaften den normalen Ablauf nicht.

Die folgende Zeile fragt nun die Existenz einer Metadaten-Eigenschaft ab:

```
1  let isRequired = `__isRequired__${propName}` in target.prototype;
```

Ist diese vorhanden, wird im folgenden Schritt auf weitere Eigenschaften zugegriffen, wie beispielsweise den Meldungstext oder bei der maximalen Länge der Wert, der an Angular weitergereicht werden muss.

Verbesserungsmöglichkeiten

Da es keinen eingebauten Weg gibt, zusätzliche Nachrichten an die Form-Steuerelemente zu übertragen, tricksen wir TypeScript ein wenig aus, und nutzen die Index-Notation für zusätzliche Eigenschaften (`obj["prop"]`). Wenn Ihnen das nicht gefällt, können Sie auch ein Ableitung von `FormControl` nutzen, wie nachfolgend gezeigt:

```
1  import { FormControl } from '@angular/forms';
2
3  export class FormControlEx extends FormControl {
4      messages: {};
5  }
```

Die Zuweisung könnte dann ein wenig eleganter wie folgt geschrieben werden:

```
(<FormControlEx>form.controls[propName]).messages = errGroup[propName];
```

Auf das Ergebnis hat dies keinen Einfluss, lediglich der TypeScript-Code sieht etwas weniger nach klassischem JavaScript aus.

Nutzung

Die Nutzung wurde ja bereits am Anfang kurz angedeutet:

```
1   <input type="text" class="form-control" id="customerName" formControlName=\
2   "name" />
3   <div class="text-red" *ngIf="!name.valid && name.touched">
4       {{ customerForm.controls.name.messages.required }}
5   </div>
```

Hier wird jetzt klar, wo der Meldungstext herkommt und warum im HTML selbst nun keine Validierungsinformationen mehr hinterlegt werden müssen. Die einzige, wirklich wichtige Bedingung ist hier, dass das Feld selbst exakt den Namen der Eigenschaft im View-Modell haben muss. Hier ist dies *name*. Das dynamische Erstellen der Vorlagen wäre der nächste Schritt hin zu automatischen Formularen.

Der Vollständigkeit halber hier noch die Dekoratoren für die maximale Länge, minimale Länge und die Prüfung von Eingaben mit regulären Ausdrücken.

```
1   export function MaxLength(len: number, msg?: string) {
2     // Das Original
3     function maxLengthInternal(target: Object, property: string | symbol): v\
4   oid {
5         new maxLengthInternalSetup(target, property.toString(), len, msg);
6     }
7
8     // Dekorator zurückgeben
9     return maxLengthInternal;
10  }
11
12  class maxLengthInternalSetup {
13
14    private _val: any;
15
16    constructor(public target: any, public key: string, public len: number, \
17  public msg?: string) {
18      // Eigenschaftswert
19      this._val = this.target[this.key];
20      // Delete property.
21      if (delete target[key]) {
22
23        // Neue Eigenschaft
24        Object.defineProperty(target, key, {
```

```
25              get: this.getter,
26              set: this.setter,
27              enumerable: true,
28              configurable: true
29          });
30
31          // Hilfs-Eigenschaft
32          Object.defineProperty(target, `__hasMaxLength__${key}`, {
33              value: this.len,
34              enumerable: false,
35              configurable: false
36          });
37
38          Object.defineProperty(target, `__errMaxLength__${key}`, {
39              value: this.msg || `The field ${this.key} has max length of ${th\
40      is.len} characters`,
41              enumerable: false,
42              configurable: false
43          });
44
45      }
46    }
47
48    // Getter
49    getter() : any {
50        return this._val;
51    };
52
53    // Setter
54    setter (newVal: any) {
55        this._val = newVal;
56    };
57
58  }
```

```
1    export function MinLength(len: number, msg?: string) {
2      function minLengthInternal(target: Object, property: string | symbol): v\
3    oid {
4          new minLengthInternalSetup(target, property.toString(), len, msg);
5      }
6
7      return minLengthInternal;
8    }
9
10   class minLengthInternalSetup {
11
12     private _val: any;
13
14     constructor(public target: any, public key: string, public len: number, \
15   public msg?: string) {
16       this._val = this.target[this.key];
17       if (delete target[key]) {
18
19         Object.defineProperty(target, key, {
20             get: this.getter,
21             set: this.setter,
22             enumerable: true,
23             configurable: true
24         });
25
26         Object.defineProperty(target, `__hasMinLength__${key}`, {
27             value: this.len,
28             enumerable: false,
29             configurable: false
30         });
31
32         Object.defineProperty(target, `__errMinLength__${key}`, {
33             value: this.msg || `The field ${this.key} has minimum length of \
34   ${this.len} characters`,
35             enumerable: false,
36             configurable: false
37         });
38
39       }
40     }
41
42     getter() : any {
43         return this._val;
44     };
45
```

```
46    setter (newVal: any) {
47        this._val = newVal;
48    };
49
50  }
```

Und hier nun der Dekorator für die regulären Ausdrücke:

```
1   export function Pattern(pattern: RegExp, msg?: string) {
2     function patternInternal(target: Object, property: string | symbol): voi\
3   d {
4       new patternInternalSetup(target, property.toString(), pattern, msg);
5     }
6
7     return patternInternal;
8   }
9
10  class patternInternalSetup {
11
12    private _val : any;
13
14    constructor(public target: any,
15                public key: string,
16                public reg: RegExp,
17                public msg ?: string) {
18
19      this._val = this.target[this.key];
20      if (delete target[key]) {
21
22        Object.defineProperty(this.target, this.key, {
23          get: this.getter,
24          set: this.setter,
25          enumerable: true,
26          configurable: true
27        });
28
29        Object.defineProperty(this.target, `__hasPattern__${key}`, {
30          value: this.reg,
31          enumerable: false,
32          configurable: false
33        });
34
35        Object.defineProperty(this.target, `__errPattern__${key}`, {
36          value: this.msg || `The field ${this.key} must fullfill the patt\
```

```
37   ern ${this.reg}`,
38              enumerable: false,
39              configurable: false
40          });
41      }
42   }
43
44   getter() : any {
45       return this._val;
46   };
47
48   setter(newVal: any) {
49       this._val = newVal;
50   };
51
52   }
```

Weitere Dekoratoren könnten für folgende Ausgaben zuständig
sein:

- Bereiche, bei Zahlen beispielsweise von 1 bis 100
- Vergleiche, zwei Eingabefelder müssen übereinstimmen
- E-Mail
- Kreditkarten (da gibt es Muster für eine Vorab-Prüfung)
- Telefonnummern
- Postleitzahlen
- Zahlen
- Datumsangaben

Ebenso ist eine Einbindung eines *CustomValidators* denkbar, der
die Fähigkeit von Angular benutzt, eine benutzerdefinierte Funktion beim Validieren auszuführen. Dann könnte die Prüfung sogar
gegen eine Datenbank erfolgen. In jedem Fall ist der Entwickler des
HTML-Teils weitgehend von solchen Modell-spezifischen Aktionen
verschont.

Freilich lassen sich nun weitere Funktionen steuern, indem weitere
Dekoratoren "erfunden" werden. Hier ein paar Anregungen:

```
1   export class SearchQueryViewModel {
2
3     @Required("The Name must be provided")
4     @MaxLength(55, "Only 55 characters allowed")
5     name: string;
6
7     @Required("The Query must be provided")
8     @Custom(QueryCheckValidator)
9     @UIHint(UIHInts.TextArea)
10    @AdditionalData('cols', 7)
11    @AdditionalData('rows', 80)
12    query: string;
13
14    @Range(1, 100)
15    area: number
16
17    @UIHint(UIHints.DropDown)
18    users : Array<number>;
19
20    @ScaffoldColumn(false)
21    @UIHint(UIHints.Hidden)
22    id: number;
23
24  }
```

Fazit

Die Nutzung der Dekoratoren erleichtert erheblich die Wartung und Pflege von Applikationen. Sie müssen nun bei Anpassungen nur wenig ins HTML eingreifen und Meldungen sind immer konsistent. Das passt freilich nicht immer, aber getreu dem 80:20-Prinzip werden Sie damit 80% ihrer Formulare leichter erstellen und sich auf die 20% Exoten konzentrieren können.

Dekoratoren sind ein spannendes und mächtiges Programmiermittel, welches Angular 2 bereits umfassend einsetzt. Der Nutzung in eigenem Code steht also nichts entgegen. Das die Bezeichnung vom TypeScript-Transpiler als "experimental* klassifiziert wird, sollte nicht abschrecken. Bei derart umfassender Nutzung ist nicht zu erwarten, dass diese Sprachmerkmal bei der weiteren Entwicklung entfällt oder drastisch geändert wird. Es ist eher zu erwarten, dass die Dekoratoren weiteren Ausbau bekommen und künftig noch mächtiger werden.

Die hier gezeigte Version nutzt Eigenschaften und dekoriert diese. Die Dekoratoren können aber auch auf Klassen, Methoden und auf den Parametern von Methoden eingesetzt werden. Dies erlaubt eine noch umfassendere Nutzung der Modell-Klassen und weitere Automationstechniken.

5.3 Reflektion: Metadaten über Code

Reflektion ist eine Funktion vieler Sprachcompiler, um dem Entwickler zur Laufzeit Informationen über den Code selbst zur Verfügung zu stellen. Code kann so anderen Code oder auch sich selbst untersuchen. Die Anwendungsfälle sind vielfältig:

- Dependency Injection, IoC-Container
- Unit Tests
- Typprüfung (Type Assertion)
- Verbesserung von Editorfunktionen (Intellisense)

Mit dem rasanten Wachstum von JavaScript-Applikationen wird der Einsatz von Entwurfsmustern und das Testen wichtiger. In großen Projekten ist dies alternativlos. JavaScript selbst bietet hier nur geringe Unterstützung und dies auch ziemlich umständlich. Eine echte Reflektionsfunktion ist die JavaScript überdies schlicht nicht vorhanden. Dies wirft die Sprache gegenüber C# oder Java deutlich zurück.

Mittels Reflektion können folgende Werte ermittelt werden:

- Der Name eines Entität
- Der Typ der Entität

- Die Schnittstellen, die die Entität implementiert
- Anzahl und Art der Eigenschaften
- Der Konstruktor und seine Argumente

Einiges geht in JavaScript mittels Aufrufen der folgenden Art:

- `Object.getOwnPropertyDescriptor()` oder
- `Object.keys()`

Dies liefert aber nur einen kleinen Teil der im Code steckenden Strukturinformationen.

Die Metadaten-API für Reflektion

Die API steht als zusätzliches Modul zur Verfügung, das von **npm** heruntergeladen werden kann:

```
npm install reflect-metadata --save-dev
```

Der TypeScript-Compiler akzeptiert dies mit dem speziellen Schalter *emitDecoratorMetadata*, der auf `true` gesetzt werden muss. Das Modul wird über die Datei *reflect-metadata.d.ts* für die Typen und *Reflect.js* für die Implementierung der JavaScript-Funktionen referenziert.

Über spezielle Dekoratoren werden die Metadaten ermittelt. Dazu werden dem Dekorator Schlüsselwerte übergeben:

- 'design:type': Typ-Informationen
- 'design:paramtypes': Parameter-Informationen
- 'design:returntype': Rückgabe-Informationen

Mit Hilfe einiger Beispiele lässt sich die Funktionsweise am Besten sehen.

Ermitteln von Typ-Informationen

Zuerst soll ein Dekorator erstellt werden:

Listing: **reflect/logreflect.ts**

```
1   import 'reflect-metadata';
2
3   function logType(target : any, key : string) {
4     var t = Reflect.getMetadata("design:type", target, key);
5     console.log(`${key} type: ${t.name}`);
6   }
```

Der Dekorator wird nun eingesetzt:

Listing: **reflect/logreflect.ts (Fortsetzung)**

```
1   class Demo{
2     @logType
3     public attr1 : string;
4   }
```

Die Ausgabe sieht nun folgendermaßen aus: attr1 type: String.
Der Aufruf der importierten Klasse *Reflect* erledigt also die eigentliche Arbeit. Der Dekorator dient nur dem Zugriff zur Laufzeit.

Ermitteln von Parameter-Informationen

Zuerst muss wieder ein Dekorator erstellt werden:

Listing: **reflect/logreflectp.ts**

```
1   function logParamTypes(target : any, key : string) {
2     var types = Reflect.getMetadata("design:paramtypes", target, key);
3     var s = types.map(a => a.name).join();
4     console.log(`${key} param types: ${s}`);
5   }
```

Die Anwendung ist auch hier sehr einfach:

Listing: reflect/logreflectp.ts (Fortsetzung)

```
1   class Foo {}
2   interface IFoo {}
3
4   class ParamDemo {
5     @logParamTypes
6     doSomething(
7       param1 : string,
8       param2 : number,
9       param3 : Foo,
10      param4 : { test : string },
11      param5 : IFoo,
12      param6 : Function,
13      param7 : (a : number) => void,
14    ) : number {
15        return 1
16    }
17  }
```

Dieses Beispiel gibt folgende aus:

```
doSomething param types: String, Number, Foo, Object, Object,
Function, Function
```

Ermitteln von Rückgabe-Informationen

Zuerst muss ein Dekorator erstellt werden und diesmal sieht der Aufruf folgendermaßen aus:

```
Reflect.getMetadata("design:returntype", target, key);
```

Typ-Serialisierung

Die Ausgabe nutzt die interne Serialisierungsfunktion von TypeScript. Diese ist auf skalare Typen beschränkt. Die Regeln lauten wie folgt:

- number wird als 'Number' serialisiert

- `string` wird als 'String' serialisiert
- `boolean` wird als 'Boolean' serialisiert
- `any` wird als 'Object' serialisiert
- `void` wird als 'undefined' serialisiert
- `Array` wird als 'Array' serialisiert
- Ein Tuple wird als 'Array' serialisiert
- Eine Klasse wird als 'class constructor' angezeigt
- Für Enum wird Number ausgegeben
- Ist eine Aufrufsyntax vorhanden, erfolgt die Ausgabe als 'Function'

Alles andere, inklusive Schnittstellen, wird als 'Object' ausgegeben.

Die Serialisierung komplexer Typen ist derzeit noch in der Entwicklung und liegt als Vorschlag vor.

6. Praktisch Programmieren

Wenn Sie TypeScript schreiben, dann ist dies selten Selbstzweck. Es wird meist Teil eines Projekts sein, indem TypeScript nur einen Teil der Umgebung ausmacht. Es geht in diesen Fällen darum, TypeScript in einer ohnehin bestehenden Umgebung zum Laufen zu bekommen. In dieser Umgebung werden Sie dann auch debuggen und testen.

6.1 Transpiler

Der Transpiler ist ein Kommandozeilenwerkzeug, dass als ausführbares NodeJs-Script zur Verfügung steht. Durch die Verbindung mit einer Pfadvariablen in der Umgebung des Betriebssystems kann der Transpiler global benutzt werden. Einige Entwicklungsumgebungen wie Visual Studio bringen ihren eigenen Transpiler mit. Hier ist zu beachten, dass sich auf Ihrem System dann mehrere Transpiler mit möglicherweise unterschiedlichen Versionen befinden. Dem können Sie am besten begegnen, indem Sie gleich eine eigene Entwicklungsumgebung aufsetzen und ein Build-Werkzeug wie Gulp benutzen. Damit können auch fast alle IDE umgehen und Sie vermeiden es, sich mit deren Besonderheiten allzuweit auseinandersetzen zu müssen. Denn auch dann, wenn Sie die IDE selbst gut kennen, ist das Verhalten in Bezug auf TypeScript nicht immer optimal, weil diese Unterstützung noch sehr jung ist.

Direktes Übersetzen

Der einfachste Weg ist die Benutzung des Transpilers von der Website *http://www.TypeScriptLang.org*. Hiermit haben Sie zum einen immer die neueste Version und zum anderen sind Sie von einer konkreten Entwicklungsumgebung unabhängig. Der Compiler hat ein paar Schalter, mit dem das Verhalten gesteuert werden kann. Mehr und besser wartbare Einstellungen sind mit der Konfigurationsdatei *tsconfig.json* möglich. Im Anhang finden Sie zu dieser Datei eine kompakte Referenz.

Visual Studio

TypeScript kommt aus dem Hause Microsoft und so ist es nicht verwunderlich, dass die neueste Version von Microsofts Flaggschiff Visual Studio TypeScript nativ übersetzen kann. Leider wird TypeScript schneller aktualisiert als Visual Studio, sodass der mitgelieferte Transpiler nicht immer aktuell ist.

Dieser Abschnitt zeigt, wie Sie den Transpiler nutzen, deaktivieren und die benutzte Version herausfinden.

TypeScript deaktivieren

Ein Motiv, ausgerechnet als TypeScript-Entwickler den Transpiler zu deaktivieren, lässt sich leicht finden. Gibt es eine neue Version und es ist nicht möglich, zeitnah Visual Studio zu aktualisieren, müssen Sie auf eine andere Methode ausweichen. Empfehlenswert ist die Nutzung des JavaScript-Ökosystems mit dem Build-Werkzeug *Gulp*. Dies wird weiter unten genauer betrachtet. Damit nicht zwei Transpiler konkurrierend zugreifen und dadurch unnötig Ressourcen verbrauchen oder Chaos auf der Festplatte anrichten, sollte der interne abgeschaltet werden.

Wenn Sie ein ASP.NET-Projekt bearbeiten, haben Sie eine Projektdatei mit der Erweiterung **.csproj*, **.vbproj* oder bei der Entwicklung mit ASP.NET Core (früher **.xproj*, jetzt wieder **.csproj*). In allen Fällen handelt es sich um eine XML-Datei (einige frühere Core-Versionen haben JSON benutzt), die Sie mit jedem Editor bearbeiten können, um Einstellungen vorzunehmen, die in der grafischen Oberfläche nicht verfügbar sind.

Öffnen Sie die Projektdatei in einem Editor und suchen Sie das erste Vorkommen eines Elements mit dem Namen `<PropertyGroup>`. Dort fügen Sie am Anfang folgendes *neues* Element hinzu:

```
<TypeScriptCompileBlocked>true</TypeScriptCompileBlocked>
```

Ab Visual Studio 2017 gibt es eine Registerkarte in den Projekteinstellungen, die benutzt werden kann, wenn keine Steuerdatei *tsconfig.json* vorhanden ist.

TypeScript-Version herausfinden

Die global installierte Version ist über den Transpiler selbst herauszufinden:

```
tsc -v
```

Eingabeaufforderung

```
Microsoft Windows [Version 10.0.14393]
(c) 2016 Microsoft Corporation. Alle Rechte vorbehalten.

C:\Users\joerg>tsc -v
Version 2.0.3
```

Abbildung: Transpiler Version unter Windows

```
joerg@JoergDev: ~/Apps/TypeScriptCmp
joerg@JoergDev:~/Apps/TypeScriptCmp$ tsc -v
Version 2.0.6
joerg@JoergDev:~/Apps/TypeScriptCmp$ 
```

Abbildung: Transpiler Version unter Linux (Ubuntu)

Wenn Sie mit Visual Studio arbeiten, benutzt Studio eine eigene
Version. Dies hat nichts mit der über **npm** installierten Version
zu tun. Das ist insofern tückisch, als dass JavaScript, das intern
übersetzt wurde, sich möglicherweise anders verhält als dass von
der **npm**-Version erstellte. Deshalb wird im vorliegenden Buch auch
immer davon ausgegangen, dass Sie die Umgebung mit **npm** selbst
aufsetzen und nicht das benutzen, was eine Entwicklungsumgebung mitbringt. Sie haben so die volle Kontrolle und der Aufwand
ist zum Einrichten ist gering.

Die Anzeige in Visual Studio zeigt, dass die Versionen nicht zwingend übereinstimmen:

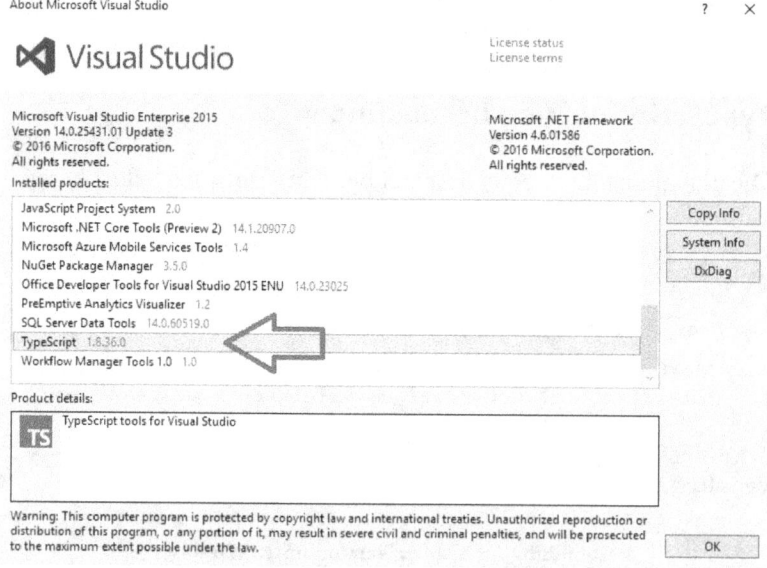

Abbildung: Version, die Visual Studio benutzt

Die **npm**-Version landet, wenn sie global installiert wurde, im
Roaming-Profil des Benutzers. Diese Version wird im Pfad bereitgestellt. Visual Studio benutzt dagegen nicht den Pfad sondern einen
direkten Link zu diesem Verzeichnis:

c:\Program Files (x86)\Microsoft SDKs\TypeScript\<versionsnummer>

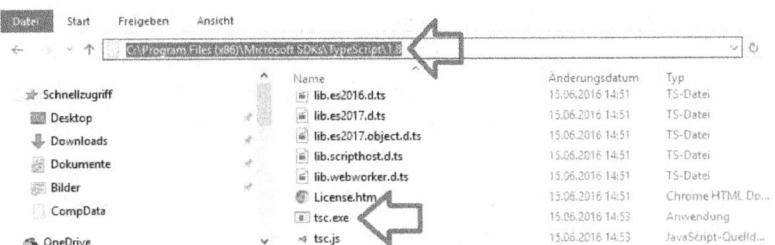

Abbildung: TSC.exe, die Visual Studio benutzt

Linux

Die Aussagen zu Visual Studio treffen hier nicht zu, das gibt es nur unter Windows. Die Aussagen zu **npm** treffen dagegen schon zu. Unter Ubuntu wird TypeScript in der Regel immer über **npm** installiert. Erfolgt dies global, finden Sie die Installation in diesem Ordner:

/usr/local/lib/node_modules/typescript

 Beachten Sie, dass *usr* nicht für "User" sondern "Unix System Resources* steht und deshalb ist *usr* als globaler Pfad korrekt. Der Stammpfad kann über *npm root -g* ermittelt werden.

Visual Studio Code

Der beliebteste Editor ist derzeit Visual Studio Code. Es handelt sich nicht um eine vollständige IDE, sondern um einen schlanken aber dafür gut erweiterbaren Editor. Es gibt unzählige Erweiterungen, mit denen fehlende Funktionen eingerichtet werden können. Zu den grundlegenden Merkmalen gehört auch die integrierte Unterstützung für TypeScript.

VS Code behandelt Dateien unabhängig voneinander, wenn diese nicht mittels Importen oder Referenzen verbunden sind. Wenn sich in einem Ordner eine Datei *tsconfig.json* befindet, so wird diese als "Projektdatei" benutzt, um die Einstellungen des Transpilers im Editor zu reflektieren. Fehlermeldungen werden also gegebenenfalls deshalb angezeigt (oder nicht angezeigt), weil hier Einstellungen entnommen werden. Das kann sich anders darstellen, wenn später der Transpiler mit anderen Parametern aufgerufen wird.

Für *tsconfig.json* verfügt VS Code über ein Schema, dass bei der Erstellung hilft.

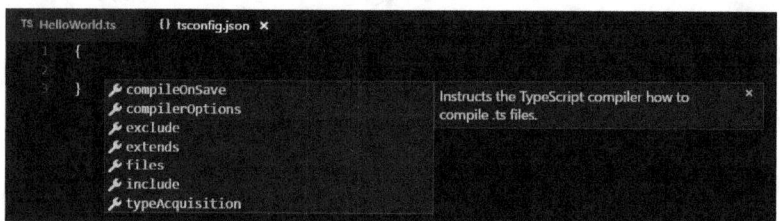

Abbildung: *tsconfig.json* in VS Code

 Visual Studio Code ist plattformunabhängig und läuft auf Windows, Linux und MacOS.

6.2 Build-Umgebung

Die Build-Umgebung dient dem skriptgesteuerten Erstellungsvorgang. Dies umfasst, unter anderem:

- Transpilieren
- Linten[1]

---

[1]Ein Kunstwort aus "lexical" und "hint" vermurkst mit deutscher Grammatik. Damit werden tiefgehendere Prüfungen des Codes absolviert, die auf Probleme hinweisen, die nicht zu Syntaxverstößen führen, aber dennoch problematisch sind.

- Ausführen von Prä-Prozessoren
- Kopiervorgänge
- Tests
- Bundling
- Packaging
- Deployment

Gulp

Ein guter und flexibler Weg, diese Aufgaben auszuführen, ist ohne Frage *Gulp*[2]. Das Werkzeug basiert auf NodeJs und liefert sowohl Skripte als auch ein Kommandozeilenwerkzeug, das *Gulp-Cli* (command line interface). Gulp ist auch in Visual Studio integriert und dort über die Funktion *Task Runner Explorer* erreichbar. Gulp ist, wie jedes NodeJs-Programm, auf Windows, Linux und MacOS verfügbar. Sie sind also sowohl bei der Plattform als auch bei der IDE vollkommen unabhängig. Gulp lebt vor allem von vielen Plug-Ins, die für allerlei Aufgaben angeboten werden. Bezogen werden diese über den *Node Package Manager npm*.

Der Einsatz lohnt auch, weil neben der Übersetzung von TypeScript viele weitere Aufgaben in Web-Applikationen anfallen, darunter:

- Verbinden von Dateien
- Kopieren von Dateien
- Verdichten von JavaScript und CSS (minimieren)
- Ablaufen lassen von Unit-Tests
- Syntaxprüfungen (Linting)

Transpiler mit Gulp

Gulp nutzt eine Steuerdatei *gulpfile.js* (nicht *.json, Gulp führt ein Skript aus). In dieser Datei steht beispielsweise folgendes:

---

[2]https://gulpjs.com/

```
1   var gulp = require("gulp");
2   var ts = require("gulp-typescript");
3   var tsProject = ts.createProject("tsconfig.json");
4
5   gulp.task("ts", function () {
6       return tsProject.src()
7           .pipe(tsProject())
8           .js.pipe(gulp.dest("dist"));
9   });
```

6.3 Linter

Sogenannte Linter (lexical hinter, lexikalische Hinweisgeber) sind Werkzeuge, die auf mögliche semantische Probleme im Code hinweisen. Das sind Probleme, die der Transpiler nicht erkennt, weil das Konstrukt syntaktisch einwandfrei ist, aber aus logischer Sicht bedenklich erscheint. Es ist auch möglich, stilistische Probleme und Schönheitsfehler zu erkennen. Linter sind nicht zwingend notwendig, machen aber oft den Unterschied zwischen guten und sehr gutem Code aus. Sie sind ein Qualitätssicherungswerkzeug.

Der beste Weg, einen Linter einzusetzen, ist *Gulp*. Sie können sich das entsprechende Plug-In beschaffen und den Linter im Vorfeld zum Transpiler-Aufruf ausführen. Treten Fehler auf, können Sie den Transpiler stoppen und so eine unnötige Übersetzung verhindern.

Es gibt viele Linter, die Sie einsetzen können. An dieser Stelle soll einer exemplarisch gezeigt werden. Dies ist keine Abwertung anderer Plug-Ins. Wenn Sie die Zeit haben, untersuchen Sie andere, die alle bei *npm* zu finden sind.

tslint einsetzen

Als Beispiel soll hier *ts-lint* eingesetzt werden. Dies geht auf Kommandozeile oder auch über *Gulp*. Voraussetzung für letzteres ist eine Umgebung, in der Sie ein Gulp-Script ausführen können. Dies wurde weiter vorne in diesem Kapitel bereits beschrieben.

Die tslint Kommandozeile

Zuerst müssen Sie *tslint* beschaffen:

```
$ npm install tslint typescript --save-dev
```

Für eine globale Installation nutzen Sie diesen Befehl. Dies ist der empfohlene Weg, denn so haben Sie gleich Zugriff auf die Befehlszeile und können den Linter in jedem Projekt einsetzen:

```
$ npm install tslint typescript -g
```

Zur Konfiguration gibt es eine eigene Konfigurationsdatei, *tslint.json*. Diese hat folgende elementare Struktur:

```
 1  {
 2    "rulesDirectory": ["path/to/custom/rules/directory/", "another/path/"],
 3    "rules": {
 4      "class-name": true,
 5      "comment-format": [true, "check-space"],
 6      "indent": [true, "spaces"],
 7      "no-duplicate-variable": true,
 8      "no-eval": true,
 9      "no-internal-module": true,
10      "no-trailing-whitespace": true,
11      "no-var-keyword": true,
12      "one-line": [true, "check-open-brace", "check-whitespace"],
13      "quotemark": [true, "double"],
14      "semicolon": false,
15      "triple-equals": [true, "allow-null-check"],
16      "typedef-whitespace": [true, {
17        "call-signature": "nospace",
18        "index-signature": "nospace",
19        "parameter": "nospace",
20        "property-declaration": "nospace",
21        "variable-declaration": "nospace"
22      }],
```

```
23     "variable-name": [true, "ban-keywords"],
24     "whitespace": [true,
25       "check-branch",
26       "check-decl",
27       "check-operator",
28       "check-separator",
29       "check-type"
30       ]
31     }
32   }
```

Dieses Skelett können Sie erzeugen, indem Sie *tslint* mit der Option
--init aufrufen:

```
tslint --init
```

Der Aufruf ist einfach. Wechseln Sie in den Ordner, wo der Baum
Ihrer TypeScript-Dateien beginnt. Rufen Sie dort folgendes auf (die
Pfadangaben sind optional):

```
tslint -c pfad/config/tslint.json 'pfad/projekt/**/*.ts'
```

Abbildung: Typische Ausgabe von *tslint*

tslint mit Gulp

Wenn Sie *Gulp* benutzen, eignet sich das Plug-In *gulp-tslint*. In der
Datei *gulpfile.js* definieren Sie eine Aufgabe wie folgt:

```
1   gulp.task("tslint", () =>
2      gulp.src("app.ts")
3         .pipe(tslint({
4            formatter: "verbose"
5         }))
6         .pipe(tslint.report())
7   );
```

Die Angabe *app.ts* in Zeile 2 definiert den Startpunkt Ihres Projekts. Die Optionen entsprechen den Angaben in der Datei *tslint.json* (Zeile 4). Die Ausgabe erfolgt über `pipe` und kann auf der Standardausgabe oder in eine Datei erfolgen. Im Beispiel wird der Text schlicht auf der Kommandozeile ausgegeben. Die Ausgabe kann auch mit sogenannten Formatierern (formatter) weiter bearbeitet werden, um gut aussagekräftig zu sein.

Wird *tslint.json* benutzt, sieht die Konfiguration folgendermaßen aus:

```
1   gulp.task("tslint-json", () =>
2     gulp.src("input.ts")
3        .pipe(tslint({
4          configuration: {
5            rules: {
6              "class-name": true,
7              // ...
8            }
9          }
10       }))
11       .pipe(tslint.report())
12   );
```

Die Benutzung der Option `configuration` ist hier der Auslöser. Sollte Ihnen der Name *tslint.json* nicht gefallen, geht es auch mit jedem anderen Namen:

```
1   .pipe(tslint({
2       configuration: "config/linter.json"
3   }));
```

Linter-Optionen

Die Standardoptionen sind:

- configuration: {},
- formatter: "prose",
- formattersDirectory: null,
- rulesDirectory: null,
- tslint: null,
- program: null

Für die Ausgabe mit dem Reporter sieht es folgendermaßen aus:

- emitError: true,
- reportLimit: 0,
- summarizeFailureOutput: false

6.4 Packen mit WebPack

Das Packen einer Applikation mit WebPack ist heute Standard für Projekte mit Angular oder React. Aber auch reine TypeScript-Projekte im NYAF-Stil (not yet another framework, also vanilla ES) profitieren davon.

WebPack

WebPack ist eines der erfolgreichsten Produkte im JavaScript-Ökosystem der letzten Jahre. Trotz einer ganzen Palette an ähnlichen Werkzeugen konnte es sich binnen kürzester Zeit an die Spitze setzen. Das Konzept ist ebenso simpel wie leistungsfähig. Zum einen bietet der Basisumfang genug für alltägliche Aufgaben – ohne großen Einrichtungsaufwand funktioniert bereits vieles. Andererseits lässt sich mit Hilfe von Plug-Ins eine Erweiterungsschnittstelle nutzen, sodass es praktisch nichts gibt, was WebPack nicht kann.

> Allerdings passen einige Aufgaben nicht organisch zum Prozess des Verpackens. Aber dafür gibt es ja Gulp.

WebPack ist ein Werkzeug, mit dem aus vielen Dateien, wie sie der Entwicklungsprozess ausstößt, eine oder wenige Dateien werden, so wie sie der Browser am Besten verarbeiten kann. Dabei geht es nicht nur um TypeScript, sondern um – alles. WebPack packt JavaScript, Bilder, CSS, sogar HTML-Templates, aber auch Spezialformate wie Handlebars. Ebenso werden alle erdenklichen Transpiler und Prä-Prozessoren unterstützt.

Dabei setzt WebPack auf einige clevere Abkürzungen und Vereinfachungen im Code. Das trägt erheblich zur Beliebtheit bei, führt aber leider auch zu einer Abhängigkeit, aus der man sich nur schwer befreien kann.

Installation

WebPack wird via *npm* bereitgestellt:

```
$ npm i webpack -g
```

Es ist ein (sinnvollerweise) globales Werkzeug. Mehr zu Dokumentation und den Möglichkeiten zeigt die WebPack-WebSite[3].

---

[3]https://webpack.js.org/

Grundlagen

WebPack wird mittels JavaScript konfiguriert, das heißt, es wird im Kontext von NodeJs lokal ausgeführt, was genau dem Verhalten des TypeScript-Transpilers entspricht. Eine einfache Standard-Konfigurationsdatei könnte folgendermaßen aussehen:

```
1  const path = require('path');
2
3  module.exports = {
4    entry: './src/index.js',
5    output: {
6      path: path.resolve(__dirname, 'dist'),
7      filename: 'bundle.js'
8    }
9  };
```

WebPack erkennt mit der Eigenschaft `entry` den Startpunkt der Applikation (Zeile 4). Ab da hangelt es sich durch den aktiven Code und nimmt alles auf, was der Code benötigt. Die Ausgabe `output` schreibt das Bundle dann in die Ausgabe. Angenommen, der folgende Code steht in der Datei *src/index.js*:

```
import bar from './bar';

bar();
```

Aus dem `import` leitet WebPack nun selbstständig ab, dass es eine Datei *bar.js* gibt, liest diese und fügt sie an der richtigen Stelle im Bundle ein.

Realität

Nun sieht das in der Praxis nicht wirklich derart einfach aus. Aber das Prinzip bleibt. Als Beispiel hier eine Datei, die ein komplexes Projekt konfiguriert, mit TypeScript als Programmiersprache und zum Erzeugen eine Bundles für eine Electron-Applikation.

Der Standardname der Konfigurationsdatei ist *web-pack.config.js*. Mit der CLI von WebPack kann aber jeder andere Name angegeben werden.

Den Auftakt bilden die Imports von Webpack selbst und verschiedener Plug-Ins:

```
1   const dev = process.env.NODE_ENV === 'dev';
2   const path = require('path');
3   const webpack = require('webpack');
4   const HtmlWebpackPlugin = require('html-webpack-plugin');
5   const CopyWebpackPlugin = require('copy-webpack-plugin');
6   const MiniCssExtractPlugin = require('mini-css-extract-plugin');
7   const exec = require('child_process').exec;
```

Nun wird der Einsprungpunkt der Applikation bestimmt. Das ist hier notwendig, weil WebPack das Bundle selbst in die HTML-Datei schreiben soll. Einige Zwischenergebnisse des Erstellungsschritts (hier: 'electron') werden ausgeschlossen:

```
1   const indexConfig = {
2     template: './src/index.html',
3     excludeChunks: ['electron'],
4     inject: 'body',
5     baseHref: './'
6   };
```

Nun folgt der Konfigurationsblock.

```
1   const webpackConfig = {
2     mode: 'production',
3     devtool: dev ? 'eval-cheap-module-source-map' : false,
4     // Development server configuration
5     devServer: {
6       historyApiFallback: true
7     },
```

Die ersten drei Optionen sind:

- `mode`: development / production. Damit wird der Code im Bundle entweder zeilenweise erzeugt, damit man bequem Haltepunkte setzen kann oder maximal verdichtet.
- `devtool`: Steuert das Verhalten bei `mode: 'development'`.
- `devServer`: Ein kleiner Test-Webserver, hier könnte man noch Abweichungen vom Standardport einstellen.

Nun folgt der Einsprungpunkt in den Code:

```
1   entry: {
2     electron: './src/win.ts', // Electron entry point
3     app: './src/main.ts' // App entry point
4   },
```

In diesem Falls sind es zwei Startpunkt, weil Electron eine Ladeprozedur erwartet, die ihrerseits die App lädt.

Es folgen die Loader. Das ist das Konzept zum Verarbeiten des Codes, wenn der eingebaute Standard nicht ausreicht. Der erste Teil kümmert sich im TypeScript. Die hier benutzte Erweiterung *.tsx* deutet einen React-ähnlichen Stil an:

```
1   module: {
2     rules: [
3       { test: /\.ts|\.tsx$/, loader: 'ts-loader' },
```

Es folgen weitere Regeln, wobei eine relativ komplexe hier SASS verarbeitet (Ein Prä-Prozessor für CSS). Reines CSS soll natürlich auch geladen werden:

```
 1   {
 2      test: /\.(scss)$/,
 3      use: [
 4        'style-loader',
 5        MiniCssExtractPlugin.loader,
 6        'css-loader',
 7        {
 8          loader: 'postcss-loader',
 9          options: {
10            plugins: function() {
11              return [require('autoprefixer'), require('postcss-flexbugs-fix\
12   es')];
13            }
14          }
15        },
16        'sass-loader'
17      ]
18   },
19   {
20      test: /\.css$/,
21      use: ['style-loader', 'css-loader']
22   },
```

Viele Applikationen nutzen Fonts, weshalb die auch verarbeitet werden. Der Loader 'file-loader' lädt Dateien unverändert ins Bundle:

```
 1    {
 2       test: /\.(woff|woff2)$/,
 3       loader: 'file-loader'
 4    }
 5    ]
 6  },
```

Resolver bestimmen, wie mit den import-Statements umgegangen wird, da hier keine Dateierweiterungen erlaubt sind. Auch das in der *tsconfig.json* bestimmte Ladeverfahren wird hier für WebPack angegeben – Pfade werden gegen *node_modules* aufgelöst. Die Konstante __dirname wird von NodeJs geliefert:

```
1  resolve: {
2    extensions: ['.ts', '.tsx', '.js'],
3    modules: [path.resolve('./src'), path.resolve('./node_modules')],
4    alias: {
5      modules: path.join(__dirname, 'node_modules')
6    }
7  },
```

Dann folgt die Ausgabe:

```
1  output: {
2    path: path.resolve('./dist'),
3    filename: '[name].js'
4  },
```

Optional lassen sich Angaben über die Verarbeitungsschritte kontrollieren:

```
1  stats: {
2    warnings: false
3  },
```

Es folgen Plug-Ins, die Dinge quasi außerhalb von WebPack erledigen:

```
1  plugins: [
2    new HtmlWebpackPlugin(indexConfig),
3    new CopyWebpackPlugin([
4                { from: './src/assets/*.png',
5                  flatten: true, to: './assets/' },
6      {
7        from: './src/app/**/*.html',
8        flatten: false,
9        to: '.',
10       transformPath(targetPath, absolutePath) {
11         return targetPath.replace('src/app', '');
12       }
13     }
14   ]),
15   new MiniCssExtractPlugin({
16     filename: '[name].css'
```

```
17    }),
18    new webpack.DefinePlugin({
19      __static: `"${path.join(__dirname, '/static').replace(/\\/g, '\\\\')}"`
20    })
21  ]
22  };
23
24  module.exports = webpackConfig;
```

HtmlWebpackPlugin verarbeitet die zentrale *index.html* gemäß der am Anfang gezeigten Konfiguration. Das *CopyWebpackPlugin* kopiert mit vielfältigen Optionen Dateien außerhalb des Bundles. Das *MiniCssExtractPlugin* sorgt dafür, dass der CSS-Teil separat behandelt wird. Das integrierte *DefinePlugin* definiert eine Konstante, die beim Auflösen spezieller Pfade hilft (das braucht man nur selten, aber es soll hier zeigen, dass auch exotische Umgebungen von WebPack verarbeitet werden können).

Auf der Kommandozeile wird dann, vorausgesetzt Webpack ist global installiert, nur die CLI gestartet:

```
$ webpack
```

6.5 Debuggen

Das Debuggen von übersetzten Sprachen erfordert immer eine passende Umgebung, die eine Mittlerdatei verarbeiten kann. Diese Datei dient dazu, die im Browser oder der Zielumgebung sichtbaren JavaScript auf die ursprünglich benutzten TypeScript-Dateien zu mappen. Aufgrund des Vorgangs – mappen – heißen diese Dateien auch folgerichtig **.map*. Der Schalter `"sourceMaps: "true"` zeigt dem Transpiler an, dass diese Dateien erzeugt werden sollen.

Nun muss die Debugger-Umgebung neben dem Mapping auch auf Quellen zugreifen können. Dieser Zugriff und damit die erfolgreiche Aktivierung des Debuggers ist Abhängigkeit von der

konkreten Umgebung. Sie finden die Beschreibung für Visual Studio
und Visual Studio Code und die gängigen Browser Chrome, Edge,
Firefox und Internet Explorer sowie spezielle Debugging-Techniken
in folgendem Artikel beschrieben:

- *http://www.joergkrause.de/typescript-debuggen*

Konfiguration

Die Konfiguration einer TypeScript-Umgebung erfolgt mit *tsconfig.json*. Dies ist optional, Sie können fast alle Parameter auch über die Kommandozeile übermitteln. Wenn ein Dateiname zum Übersetzen angegeben wird, werden die Einstellungen in der *tsconfig.json* ignoriert. Es gilt also ein "Entweder-Oder".

Aufbau

Der prinzipiell Aufbau entspricht dem jeder anderen JSON-Datei. Es handelt sich lediglich um eine Objektbeschreibung. Der wichtigste Teil betrifft die Konfiguration des Transpilers:

```
 1   {
 2     "compilerOptions": {
 3       "target": "es5",
 4       "module": "commonjs",
 5       "declaration": false,
 6       "noImplicitAny": false,
 7       "removeComments": true,
 8       "noLib": false
 9     }
10   }
```

In TypeScript 2.0 wurden globale Dateimuster eingeführt:

```
1   "include": [
2       "src/**/*"
3     ],
4   "exclude": [
5       "node_modules",
6       "**/*.spec.ts"
7     ]
```

Die Platzhalter sind:

- – Keine oder viele, ohne Verzeichnisse
- ? Jedes Zeichen (nur eines)
- **/ Rekursion durch Ordner

In den Optionen sind Pfad-Mappings möglich:

```
1   {
2     "compilerOptions": {
3       "baseUrl": "./node_modules",
4       "paths": {
5         "jquery": ["jquery/dist/jquery.slim.min"]
6       }
7     }
8   }
```

@types, typeRoots and types

Typ-Pakete, die unter *@types* bereitgestellt werden, findet der Transpiler standardmäßig immer. Sie werden in einem Unterordner in oder unterhalb von *node_modules* erwartet: */node_modules/@types/*.

Wird der Ordner dagegen mit *typeRoots* explizit angegeben, wird nur dort gesucht:

```
1  {
2    "compilerOptions": {
3      "typeRoots" : ["./typings"]
4    }
5  }
```

Wollen Sie Pakete in *./typings* und in *./node_modules/@types* benutzen, müssen auch beide Ordner benannt werden.

Wird *types* angegeben, müssen die benötigten Pakete explizit benannt werden. Ohne diese Angaben werden alle Pakete gelesen:

```
1  {
2    "compilerOptions": {
3      "types" : ["node", "lodash", "express"]
4    }
5  }
```

 Sie können ein leeres Array [] angeben, um das Laden der Pakete komplett zu verhindern.

Explizite Importe von Typ-Deklaration wird TypeScript immer lesen, egal ob eine globale Inklusion in *tsconfig.json* erfolgt oder nicht. Typings sind vor allem für JavaScript-Bibliotheken, die Deklarationen nicht selbst importieren können.

Direktiven

Direktiven sind Anweisungen außerhalb des regulären Quellcodes.

Die ///-Direktive

Direktiven beginnen mit drei Schrägstrichen, gefolgt von einem XML-Element. Es gibt folgende Elemente:

- `<reference>`: Abhängigkeit zu einer anderen Datei
- `<amd-module>`: Änderung des exportierten Modulnamens

Referenzen

Die übliche Form nutzt das `path`-Attribut:

```
1   /// <reference path="somefile.ts" />
```

Der Pfad ist relativ, wenn er nicht mit einem / beginnt.

Standardbibliotheken

Hiermit wird das Laden der Standardbibliotheken verhindert. Eine bessere Option dafür ist *tsconfig.json*.

```
1   /// <reference no-default-lib="true"/>
```

Transpiler-Anweisungen

Diese Anweisungen modifizieren die Einstellungen in der Konfigurationsumgebung temporär.

Die häufigste Nutzung sind Namensänderungen für Module:

```
1   /// <amd-module name="NamedModule"/>
2   export class C {
3   }
```

Der Name des Moduls ist nun "NamedModule" und nicht mehr "C".

> Nutzen Sie besser in Projekten das Schlüsselwort import für
> die Referenzierung. Es ist klarer und eindeutiger und hat mehr
> Optionen. Im Abschnitt zu Modulen wurde dies hinreichend
> vorgestellt.

www.ingramcontent.com/pod-product-compliance
Lightning Source LLC
Chambersburg PA
CBHW071446220526
45472CB00003B/692